Juden in Sangerhausen

AF196051

# Juden in Sangerhausen

*Vom Mittelalter bis zur Shoah*

Peter Gerlinghoff

Danksagung an Sebastian Funk, Monika Frohriep, Helmut Loth, Rüdiger Seidel, Margot Runge, Steffi Rohland, Heinz Noack

© 2020 Peter Gerlinghoff

Verlag & Druck: tradition GmbH, Halenreie 40-44, 22359 Hamburg

ISBN: 978-3-347-10746-5 (Paperback)
ISBN: 978-3-347-10747-2 (Hardcover)
ISBN: 978-3-347-10748-9 (e-Book)

Bibliografische Information der Deutschen Nationalbibliothek:
Die Deutsche Nationalbibliothek verzeichnet diese Publikation in der Deutschen Nationalbibliografie; detaillierte bibliografische Daten sind im Internet über http://dnb.d-nb.de abrufbar.

# Mittelalter und frühe Neuzeit
*Eine Annäherung an den Forschungsstand[1]*

Die Sangerhäuser Stadtgeschichte, die Friedrich Schmidt (1862-1933) im Auftrag des Magistrats 1906 zusammenstellte, nennt als ersten Sangerhäuser Juden einen Mann namens *Rumar*. Ein Volkmar Kalb zu Sangerhausen vermachte 1395 der Jacobikirche Zinsen, „dy da unse gewest sind an Rumars Hus des Jödin, daz da lit in der Lachsdorfischen Gasse an der Muren"[2]. Schmidt gibt nicht an, aus welcher Quelle dieses Zitat stammt. Das gesamte Kapitel in der Sangerhäuser Stadtgeschichte stellt aber den Abdruck einer Studie dar, die Clemens Menzel (1835-1890) unter dem Titel „Die Juden in Sangerhausen im Mittelalter" in einer heute verlorenen Unterhaltungsbeilage zur „Sangerhäuser Zeitung" 1872, Nr. 19 veröffentlicht hatte.

Unter dem gleichen Titel erschien von Menzel 1875 ein Teil dieser Untersuchung in dem renommierten „Jüdischen Literaturblatt"[3]. Für den Herausgeber, den Magdeburger Rabbiner Moritz Rahmer (1834-1904), waren die bemerkenswert klaren Worte, die Menzel für den Antisemitismus und die Judenverfolgungen im Mittelalter fand, offensichtlich bedeutsamer als Einzelnachweise zu Personen aus Sangerhausen, so dass wir aus dieser Kurzfassung keine weitere Aufklärung über Rumar als den „ersten Sangerhäuser Juden" erhalten.

Wir sind also berechtigt, die Frage nach den Ursprüngen einer jüdischen Ansiedlung in Sangerhausen noch einmal aufzunehmen, zumal ja die Forschung inzwischen erheblich fortgeschritten ist.[4]

Hilfreich ist dabei ein Blick auf die Entwicklung der jüdischen Minderheit im größeren Rahmen der deutschen Geschichte und der Geschichte des heutigen Mitteldeutschlands. Die ersten Juden kamen

---

1 Leicht bearbeitete Fassung eines Vortrags des Autors am 9. November 2013 aus Anlass eines Gedenkens der Initiative Erinnern und Gedenken an die Pogromnacht 1938.
2 Geschichte der Stadt Sangerhausen. Im Auftrag des Magistrats bearbeitet von Friedrich Schmidt. Erster Teil, Sangerhausen 1906, S. 870.
3 In: Das Jüdische Literaturblatt, 4. Jg., Nr. 18, Magdeburg, 15. September 1875, S. 1-2.
4 Neben Referenzwerken wie der Germania Judaica ist vor allem zu nennen: Maike Lämmerhirt, Juden in den wettinischen Herrschaftsgebieten. Recht,

mit den Römern zu uns, im Mittelalter erfolgte der Zuzug vor allem aus Spanien und Frankreich, das Rheinland war bis in die frühe Neuzeit Zentrum jüdischer Ansiedlung im deutschsprachigen Raum. Als nur geduldete religiöse Minderheit mussten sich die Juden Schutz und die zum Leben notwendigen Rechte beim obersten Landesherrn, seit

Sangerhausen im Schnittpunkt mittelalterlicher Fernstraßen

fränkischer Zeit dem König, erkaufen. Dieser konnte das sogenannte Judenregal seinerseits an regionale Herrscher, Bischöfe oder Städte, bei denen er verschuldet war, weiter veräußern. Trotz dieser enormen Benachteiligung konnten die Juden aufgrund ihrer guten Vernetzung und weitreichender Verbindungen zu Wohlstand kommen und wirtschaftliche Bedeutung, insbesondere im Fernhandel, erlangen. Jüdisches Leben entfaltete sich entlang der großen Handelswege und in den Kathedralstädten. Nachdem das 2. Laterankonzil 1139 den Christen ein Zinsverbot[5] verordnet hatte, wurden die Juden auf ein weiteres Tätigkeitsfeld, das Kreditgewerbe, geradezu gestoßen. Der Finanzbedarf der in ständige Konflikte verwickelten Fürsten und die Bedürfnisse der Städte mit einer wachsenden Bevölkerung boten diesem Wirtschaftszweig eine stete Grundlage.

Verwaltung und Wirtschaft im Spätmittelalter, Köln, Weimar, Wien: Böhlau Verlag 2007.
5 Verschärft 1215 durch Papst Innozenz III. und bestätigt 1311 auf dem Konzil von Vienne.

In unserer Region sind Juden seit dem 10. Jh. nachweisbar. Das heutige Mitteldeutschland war damals noch ein Entwicklungsland in ausgesprochener Randlage des Reiches. Elbe und Saale bildeten die Grenze zu dem slawisch besiedelten und noch kaum christianisierten Osten. Die großen Gründungen entlang der Elbe-Saale-Linie wie Mag-

> ## Ibrahim ibn Jakub
>
> Itinerar seiner Reise von Magdeburg nach Prag
>
> 965
>
> „Der Weg von Mâdiburg nach dem Lande des Bûislâw und von da nach der Feste Kalbe beträgt 10 Meilen und von da nach Nûb Grâd (Nienburg) 2 Meilen; das ist eine Feste aus Steinen und Mörtel gebaut, und sie liegt am Fluss Salâwa (Saale), und in ihn fällt der Fluss Bode. Von der Feste Nienburg bis zum Salzwerk der Juden, es liegt auch an der Saale: 30 Meilen. Von da nach der Feste Bûrdschin (Wurzen) - und sie liegt an der Muldâwa (Mulde)..."

deburg, Merseburg, Naumburg, Zeitz waren Festungen, Stützpunkte für die Landnahme im Osten und geistliche Zentren, zugleich aber auch Umschlagplätze für den nicht unbedeutenden West-Ost-Handel. 937 gründete Otto I. (936-973) in Magdeburg das Mauritiuskloster und drei Jahrzehnte später, 968, etablierte er hier ein Erzbistum. Schon diese beiden Daten verraten etwas von der dynamischen Entwicklung in diesem Raum. Zur Dotierung des Magdeburger Erzbistums unterstellte Otto mit einer Urkunde aus dem Jahr 965 „Juden und andere Händler" dem Bischof. Das kulturelle Aufbauwerk in Mitteldeutschland wurde daher zu einem nicht geringen Teil aus den besonders hohen Steuern der Juden und anderer „Ausländer" finanziert.

Um 1012 gab es in Magdeburg um den heutigen Hasselbachplatz, die alte Sudenburg, eine größere jüdische Gemeinde, die lange unbehelligt blieb, bis es im Zusammenhang mit dem Kreuzzug von 1096 zu ersten Pogromen kam. Weitere Ausschreitungen sind aus dem Jahr 1146 belegt, auch Plünderungen jüdischen Eigentums und Lösegelderpressungen seitens der Magdeburger Bischöfe 1213 und 1261.

Besonders interessant ist der Beleg für frühe jüdische Ansiedlungen im Raum Halle. Es handelt sich um einen Reisebericht des Ibrahim ibn Jakub (2. Hälfte 10. Jh.). Dieser arabisch schreibende Jude aus Cordoba bereiste als Geograf und Diplomat im Auftrag des Kalifen Abd ar-Rahman III. (889-961) das ostfränkische Reich und die angrenzenden slawischen Siedlungsgebiete. Über seine Reisen hat er recht genaue Aufzeichnungen hinterlassen. Auf dem Weg von Magdeburg nach Prag kam er durch Calbe und Nienburg. Von dort zählte er 30 Meilen „bis an die Salzwerke der Juden, ebenfalls an der Saale gelegen"[6]. Diese Notiz, aus dem Jahr 965 oder 973, wird als ältester Beleg einer jüdischen Siedlung in Halle (oder Umgebung) gewertet. Es ist auch bemerkenswert, dass Juden offensichtlich schon sehr früh an der Entwicklung der Salzsiederei beteiligt waren, eines Gewerbes, das die Stadt Halle später so berühmt und reich werden ließ.

Schauen wir nun nach Süden, auch hier sind es die Handelswege, die Juden ins Land bringen. Erfurt lag an der Via Regia, der wichtigsten Königs- oder Reichsstraße in west-östlicher Richtung. Unter den Ottonen befand sich auf dem Petersberg eine Königspfalz, politisch stand Erfurt unter den Erzbischöfen von Mainz, den traditionellen Schutzherren der Juden. Zwar werden Juden in den Erfurter schriftlichen Quellen erst spät erwähnt, aber der Baubeginn der Alten Synagoge kann mit 1094 sicher datiert werden. Ein so großer und bedeutender Bau setzte die Existenz einer mitgliederreichen und wohlhabenden Gemeinde voraus, die sicher in Jahrzehnten früher entstanden und allmählich gewachsen war.

Ganz ähnlich liegen die Verhältnisse in der Reichsstadt Nordhausen. Hier ist eine Synagoge um 1300 belegt. Es gab eine noch heute lokalisierbare Judenstraße und den Judenkirchhof.

Betrachtet man nun diesen Befund in einer regionalen Perspektive, dann wird deutlich, dass Sangerhausen seit dem 10. Jh. von Kristallisationspunkten jüdischen Lebens umgeben war. Die Verkehrswege, die sie untereinander verbanden, kreuzten sich zum Teil in Sangerhausen. So ist anzunehmen, dass sich hier mindestens zeitweise Juden aufgehalten haben, zumal der Ort selber eine dynamische Entwicklung erlebte: 991 noch zum Kloster Memleben gehörend, erhält San-

6 Jacob, Gerhard (Hg. u. Übers.), Arabische Berichte von Gesandten an germanische Fürstenhöfe aus dem 9. und 10. Jahrhundert. In: V. v. Geramb / L. Mackensen (Hg.), Quellen zur Deutschen Volkskunde, Heft 1, Berlin und Leipzig 1927, S. 13.

gerhausen schon 1017 Marktrecht, 1194 Stadtrecht, und 1263 beginnt man mit dem Bau von Stadtmauern.

Das Mittelalter kannte keinen religiösen Pluralismus, die Juden blieben trotz teuer bezahlter Schutzbriefe und einer erheblichen Steuerlast eine nur geduldete, stets durch religiöse Agitation und wirtschaftlichen Neid gefährdete Minderheit. Dennoch waren die judenfeindlichen Ausschreitungen bis in die Mitte des 14. Jahrhunderts

Die Alte Synagoge in Erfurt - heute Museum für jüdische Kultur

auch in unserer Region eher Rückschläge in einer insgesamt positiven Entwicklung. Neben den Kirchen und Adelshöfen gehörten auch Synagogen und Judengassen zum mittelalterlichen Stadtbild und waren Symbole einer deutsch-jüdischen Geschichtsgemeinschaft.

Als großen Bruch in dieser Entwicklung muss man jedoch die Judenverfolgung der Jahre 1348/49 betrachten. Es handelte sich nicht um lokale Ausschreitungen, sondern eine systematische, örtlich mehr oder weniger stark ausgeprägte Vernichtungsaktion in ganz Deutschland, die von der staatlichen Obrigkeit sanktioniert und vom Volk mit Eifer vollstreckt wurde - ein Holocaust vor dem Holocaust. Zu ihrer Rechtfertigung musste das ganze Repertoire der antijudaistischen Propaganda herhalten: vom Hostiendiebstahl und Ritualmord bis zur

Diese Abbildung aus einer für den Würzburger Bischof Julius Echter (1545-1617) von Lorenz Fries angefertigten Chronik zeigt, wie das "Judenschlagen" in kleinen Städten wie Sangerhausen ablief

Verursachung der Pest. Aber die wirtschaftlichen Motive der Judenverfolgung traten dabei ganz ungeschminkt an die Oberfläche.

Die Ereignisse im Sangerhausen benachbarten Nordhausen bieten dafür ein besonders drastisches Beispiel. Hier waren die Juden der ersten Vernichtungswelle entgangen, aber Kaiser Karl IV. (1316-1378), der auch sonst freigiebig Dispens schon vor den Judenmorden erteilte, hatte einem Grafen von Hohnstein zur Begleichung bestimmter Rechnungen Häuser in Mühlhausen und Nordhausen vermacht, von denen er annahm, dass ihre jüdischen Besitzer vertrieben waren. Der Graf fand die ihm zugesagten Häuser aber noch besetzt vor und schaltete den Landesherrn ein. Landgraf Friedrich II. von Thüringen, mit dem Beinamen der Ernsthafte (1310-1349), veranlasste nun den Rat der Stadt Nordhausen, den Judenmord nachzuholen, um den Grafen in Besitz der Häuser zu bringen.

In dem Schreiben heißt es: „Ihr, Ratsmeister und Rat der Stadt zu Nordhausen, sollt wissen, dass wir alle unsere Juden haben verbrennen lassen, soweit sich unser Land erstreckt, wegen der großen Bosheit, die sie der Christenheit angetan haben, indem sie die Christenheit mit dem Gift, das sie in die Brunnen warfen, töten wollten, davon haben wir Kunde und Kenntnis, ihr sollt also eure Juden ebenfalls töten, zum Lobe und zur Ehre Gottes."[7] Der Landgraf versprach dem Rat in Nordhausen Straffreiheit und kündigte zugleich an,

7 Eigene Übersetzung nach dem mnd. Text bei Lämmerhirt, S. 44 (Anm. 236), dort auch Quellennachweis).

10

Eine zeitgenössische Abbildung zeigt, dass der Judenmord
unter Aufsicht der weltlichen und geistlichen Obrigkeit erfolgte

dass er Heinrich Snoz, seinen Vogt zu Salza, entsenden werde, um
das Massaker zu überwachen.
Vorgänge dieser Art fanden natürlich Widerhall auch in jüdischen
Quellen, den sogenannten Memorbüchern, die von größeren Gemeinden geführt wurden und die Erinnerung an Verfolgung und Widerstand wachhalten sollten. Der Fall Nordhausen war offensichtlich so
verstörend, dass er selbst im weit entfernten Deutz am Rhein bekannt
war. Das Deutzer Memorbuch verzeichnet ihn, und hier ist zu erfahren, dass damals zur Gemeinde in Nordhausen auch Juden in Stolberg, Ellrich, Frankenhausen, Duderstadt und Sangerhausen
gehörten. Wir können also mit großer Wahrscheinlichkeit annah-
men, dass schon vor 1349 Juden in Sangerhausen lebten. Sie waren
offensichtlich auch von den Verfolgungen in diesem Katastrophen-
jahr betroffen.[8]
Darüber gibt eine weitere Quelle Auskunft. In Erfurt hatten sich zum
21. März 1349, dem Karfreitag, verschiedene Stadträte zu einem breit-
angelegten Judenmord verabredet. Auch die berühmte Alte Synago-

8  Vgl. Lämmerhirt, S. 3.

Nennung der Jüdin Jachand aus Sangerhausen im Erfurter Judenbuch

ge wurde dabei zerstört. Der Autor der „Peterschronik" nennt zwar das Gerücht von der Vergiftung der Gera als Grund für diese Maßnahme, fügt aber hinzu, er wisse nicht, ob diese Anschuldigung der Juden der Wahrheit entspreche. Er „glaube indes auch, dass eine Ursache des Unheils die hohen Schulden seien, die Adel, Ritter, Bürger und Bauern beseitigen wollten"[9].

Die wirtschaftlichen Motive des Massakers erklären, warum die Stadt Erfurt nach Streichung der Schulden durch Ermordung der Gläubiger durchaus an einer Wiederansiedlung von Juden interessiert war. Dieser Prozess sollte allerdings kontrollierbar bleiben. Über den nun kostenpflichtigen Zuzug der Juden wurde genau Buch geführt, eine neue Kleiderordnung zu ihrer Kennzeichnung eingeführt und Judenhäuser errichtet, die den Ankömmlingen gegen Zins zur Verfügung standen.

Das „Erfurter Judenbuch" ist für uns eine erstrangige Quelle, denn hier werden genaue Angaben über die Ankömmlinge gemacht, und wir erfahren z. B., dass sich 1357 eine „Jachand Iudea de Sangirhusen" und ein Fleischhauer namens „Isaac de Sangirhusen" in Erfurt registrieren ließen.[10] Diese beiden Personen sind nun die ersten namentlich bekannten Sangerhäuser Juden. Sie bezeugen, dass es schon vor 1349 eine jüdische Ansiedlung in unserer Stadt gab und dass Sangerhäuser Juden in diesem Schicksalsjahr offensichtlich ebenfalls Verfolgungen ausgesetzt waren.

Wie mag sich die Witwe Jachand in den sieben Jahren bis zu ihrer Neuansiedlung in Erfurt durchgeschlagen haben? Man kann nur mut-

9 Lämmerhirt, S. 29.
10 Arthur Süssmann (Hg.), Das Erfurter Judenbuch. In: Mitteilungen des Gesamtarchivs der deutschen Juden, Band für 1914, S. 22 u. 23.

maßen, dass sie sich versteckte oder in der Umgebung der Stadt Unterschlupf fand. Was verrät der Beruf des Isaac? Das Schlachten war im Mittelalter generell genehmigungspflichtig, wurde behördlich nur an bestimmten Tagen gestattet und konnte Mengenbegrenzungen unterliegen. Für die Juden galten zudem genaue religiöse Vorschriften. All dies lässt darauf schließen, dass der Fleischhauer Isaac in Sangerhausen nicht isoliert gelebt hatte und vermutlich über einen größeren Kundenkreis verfügte.

Nach dem Massaker von 1349 siedeln sich Juden zunächst nur in den größeren Städten an, und es dauerte Jahre, wenn nicht Jahrzehnte, bis wieder ein Netz entstanden war, das auch die kleineren Orte überspannte. 1395 ist, wie erwähnt, der Jude Rumar in Sangerhausen belegt, wenngleich wir aus dem überlieferten Text wenig über seine soziale Stellung und Lebensumstände schließen können. Es hat den Anschein, dass das besagte Haus in der Lachsdorfischen Gasse sein Eigentum war.

In den Jahrzehnten nach 1349 gibt es jedoch eine deutliche Tendenz, dass die Städte für die Wiederansiedlung von Juden selbst Wohnraum schufen, um die Neuankömmlinge möglichst in kompakten Gruppen unter Kontrolle zu halten. Bei der Lachsdorfischen Gasse - heute Jacobstraße - kann es sich um eine Judengasse gehandelt haben, sie war nach Norden hin durch die Stadtmauer mit dem Muhmeturm abgeschlossen. Auf eine behördliche Beschäftigung mit der Judenfrage kann man aus der Tatsache schließen, dass der Rat von Sangerhausen in dieser Zeit die Abschrift von zwei wichtigen Rechtsbüchern veranlasste. Die Sangerhäuser Redaktion des „Sachsenspiegels" aus dem Jahr 1388 enthält besondere Strafandrohungen für den Fall, dass Juden den Ladungen oder Anweisungen der Gerichte nicht folgen. Als judenfreundlich kann man dagegen die „Judenordnung" des Markgrafen Heinrich aus dem Jahr 1265 bewerten, die damals noch Bedeutung hatte und ebenfalls eine Abschrift erhielt. So wird der Jude Rumar zu seiner Zeit nicht der einzige Jude in Sangerhausen gewesen sein.

Überhaupt kann man das Ende des 14. und die ersten Jahrzehnte des 15. Jh.s bis 1436 als eine Blütezeit jüdischen Lebens in Mitteldeutschland betrachten. In Erfurt gab es nach Zuzug, vor allem aus Breslau, wieder eine starke Gemeinde. Neue Zentren jüdischen Lebens entstanden auch in kleineren Orten. In Weißenfels unterhielt die wohlhabende Familie *Schalam* auf einem größeren Areal neben der Synagoge auch eine Judenschule, die einen „Kinderlehrer" unterhal-

| | | | | | |
|---|---|---|---|---|---|
| Mg. Friedrich | Eilenburg | 5 | 1603 fl. | 320 fl. | Katzmann: 568 fl.[4] |
| Mg. Friedrich | Pegau | 3 1[5] | 1035 fl. - | 345 fl. - | Smarean: 1000 fl. |
| Lg. Friedrich | Sanger-hausen | 4 | 1382 fl. | 345 fl. | Koning: 750 fl. Abraham u. sein Stiefsohn: 480 fl. |
| Mg. Wilhelm | Königsberg | 11 | 4234 fl. | 384 fl. | Jakob: 622 fl. Falk: 584 fl. |
| Mg. Wilhelm | Zwickau | 8 5[6] | 3081 fl. - | 385 fl. - | Leszer der Kleine: 1195 fl. |
| Lg. Friedrich | Großenhain Dresden | 2 4 | 2444 fl. | 407 fl. | nicht zu ermitteln |

Systematisierter Auszug aus dem Judenkataster nach Lämmerhirt, er zeigt auch die Einkommensunterschiede in der jüdischen Bevölkerung

ten konnte. Die Stadt war 1384 Schauplatz einer Versammlung von Juden aus vielen Orten, selbst Gäste aus Rom und Jerusalem sollen angereist sein. In der Forschung wird diese in den Chroniken auch als „Turnier der Juden" bezeichnete Veranstaltung meist als Rabbiner-synode gedeutet, wie es solche auch in Erfurt gegeben hat.[11] Rabbiner gab es in verschiedenen Orten: Gotha, Mühlhausen, Weimar, Jena u.a., meist waren die Synagogen dort auch mit einer „Jeschiwa" verbunden, d. h. einer religiösen Schule für die männliche Jugend im Alter von 12-25 Jahren. Einige dieser Rabbiner waren überregional bekannte Gelehrte, wie z. B. *Lipmann von Mühlhausen* (gest. nach 1420), der vorwiegend in Prag wirkte und durch religiös-philosophische, z. T. polemische Schriften hervorgetreten ist.[12] Für die gefestigte Stellung der Judenschaft in Thüringen an der Wende zum 15. Jahrhundert spricht auch das Institut eines „Judenmeisters" oder Hochmeisters der Juden, der seine Glaubensgenossen in der Landgrafschaft insgesamt gegenüber dem Landesherrn vertreten konnte und ihnen gegenüber eine Art hoheitlicher Stellung innehatte.

Die größte Wirksamkeit entfaltete die jüdische Minderheit während des ganzen Spätmittelalters auf wirtschaftlichem Gebiet, besonders im Geldhandel und Kreditgewerbe. Seit 1371 gehörte Sangerhausen

11 Vgl. Lämmerhirt, S. 407.
12 http://www.jewishencyclopedia.com/articles/10008-lipmann-mulhausen-yom-tob-ben-solomon, abgerufen 11.03.2015.

were. *[10]* Welche ouch von unsern iuden von uns cziihen wulden, dii sulden von uns adir unsern amptluten^p) orlaub nemen – fuget *wie C.d.S. I B 3 Nr. 75 § 8. [11]^q)* Ouch habin wir gefrihed unde frihen geinwertiglichin alle iuden, sii sint tod ader an deme leben, unde alle ire habe czolles unde geleites in allen ünsern landen^r). *[12]* Ouch secczen wir — Hasen^s) iudenmeister wonhafftig zcu Gotha, Samel iude czu Wymar, Abraham unde Koning iuden zcu Sangerhusen, David iuden zcu Salcza, Koczschman unde Nathan iuden zcu Gotha^t), das sie gancze macht habin sullen czu secczen under den vorgenanten iuden zcu iudenschoßern, wer yn darunder allirbequemelichst ist, adir undir andirn unser iuden wonhafftig ym lande zcu Doringen zcu secczen ader czu entsecczen, als digke als sii des bedurffen, unde wii danne dii schoßere das geschoß aneslahen unde under der iudischeid secczen, als sal man das haldin. Were

Landgraf Friedrich II. bestimmt die Sangerhäuser Juden Abraham und Koning zu Mitgliedern eines Gremiums, das den Judenschosser wählen darf

wieder zur Landgrafschaft Thüringen und profitierte vom Bergbau in unserer Region. Landgraf Balthasar (1336-1404) ließ in Sangerhausen eine Münze errichten und bestimmte in einer mit 1398 datierten Urkunde, dass der Jude *Joselin von Mühlhausen* dem Münzwechsel vorstehen und der Münze zu Sangerhausen in jeder Weise „zu Nutze" sein sollte. Es dürfte dies der erste dokumentierte Fall sein, dass ein Jude in unserer Stadt ein öffentliches Amt ausübte. Zweifelhaft ist jedoch, ob Joselin auch in Sangerhausen wohnhaft war. Eine häufige Anwesenheit wird seine exponierte gesellschaftliche Stellung jedoch mit sich gebracht haben.

Die insgesamt gefestigte Stellung der Juden in den Jahrzehnten um die Wende von 14. zum 15. Jahrhundert konnte auf lokaler Ebene jedoch durchaus von Konflikten mit judenfeindlichem Hintergrund erschüttert werden, wie beispielsweise durch den straflos gebliebenen Raubüberfall der beiden Ritter Claus von Throta und Koler von Krosick auf die Teilnehmer der Rabbinerversammlung im Jahr 1384.[13]

Vor allem aber fällt auch in dieser Zeit die nach wie vor enorm hohe steuerliche Belastung der Juden ins Auge. Im Jahr 1411 war Sigismund (1368-1437), ein Sohn Karls IV., römisch-deutscher König geworden, nachdem er 1387 die ungarische Krone erworben und sich dabei hoch verschuldet hatte. Den Juden wurde daher ab 1412 reichsweit ein sogenannter „dritter Pfennig" auferlegt, später noch ergänzt durch den

13 Lämmerhirt, 457.

„dreißigsten Pfennig". Hinter diesen harmlos klingenden Bezeichnungen verbarg sich eine Vermögensabgabe in Höhe von 33 Prozent an das Reich, die zusätzlich zu den Steuern, die der Landesherr einforderte, zu entrichten war. Inspirator und zugleich Organisator dieser Sondersteuer war der Reichserbkämmerer Konrad von Weinsberg (1370-1448). Dieser erstellte nun mit Hilfe eines jüdischen Sachverständigen, *Moses aus Konstanz*, ein genaues Kataster des Vermögens aller steuerpflichtigen Juden im Reich. Aufgrund dieses Dokuments sind wir auch über die Sangerhäuser Juden und ihre wirtschaftliche Stellung um 1418 unterrichtet.

Es gab nach dieser Erhebung in Sangerhausen vier Personen (Familien), die zur Vermögensabgabe herangezogen wurden. Das zu versteuernde Vermögen betrug 1382 Gulden, von denen 750 Gulden auf einen *Koning* und 480 Gulden auf einen *Abraham in Sangerhausen* entfielen. Die beiden weiteren Familien kamen im Durchschnitt nur auf jeweils 76 Gulden.[14] Diese Relation zeigt, dass es damals auch in der Judenschaft erhebliche Unterschiede zwischen Arm und Reich gab. Man muss sich die innerjüdischen Verhältnisse entsprechend differenziert vorstellen.

Insgesamt waren die Sangerhäuser Juden im Vergleich mit anderen Städten jedoch recht wohlhabend. Auch nach dem finanziellen Aderlass aufgrund des „dritten Pfennings" war Koning, zusammen mit jüdischen Verleihern aus Erfurt und Kahla, in der Lage, der Deutsch-Ordensballei Thüringen 1432 ein Darlehen in Höhe von 200 Mark Silber[15] zu gewähren.

Auf die starke Stellung der Juden in unserer Stadt weist auch die interessante weitere Tatsache, dass die Sangerhäuser *Abraham* und *Koning* mit einer Urkunde des Landgrafen Friedrich II. (des Friedfertigen 1384-1440) zu Mitgliedern eines siebenköpfigen Gremiums jüdischer Notabeln ernannt wurden, das aus seinen Reihen den „Judenschosser" wählen durfte.[16] Dieser hatte seine Glaubensgenossen steuerlich zu veranlagen und die Steuern an den Landesherrn abzuführen.

Solche Regelungen lassen sich als ein Integrationsversuch deuten, mit dem eine wirtschaftlich starke und religiös eigenständige Minderheit

14 Lämmerhirt, 489.
15 Friedrich Schmidt, a.a.O., S. 871 nach: Zeitschrift des Vereins für thüringische Geschichte, I., S. 118.
16 Hans Beschorner, Urkunden des Markgrafen von Meissen und Landgrafen von Thüringen 1419-1427(...), Leipzig und Dresden 1941, S. 49.

Ein jüdischer Exodus um 1427

in die autoritäre und dogmatisch verhärtete christliche Mehrheitsgesellschaft eingefügt werden sollte. Umso mehr überrascht es, dass sich Friedrich 1436 zu einer restlosen Vertreibung der Juden aus der Landgrafschaft entschloss und dies auch durchsetzte. Zur Begründung nennt der Landgraf in einem Brief an die größeren Städte in seinem Herrschaftsbereich neben „harte teuren Zeiten, die Land und Leute verarmt hätten" auch Händel verschiedener Art, weist auf die Agitation der Prediger in den Kirchen hin und spricht von „schnöden, untüchtigen Juden". Ihre Vertreibung soll dem „allmächtigen Gott zum Lobe und dem heiligen Christenglauben zu Ehren" geschehen. Die Forschung hat auch auf die Rolle der Hussitenkriege hingewiesen. In der Tat sind die Juden einer Komplizenschaft mit dem Hussiten verdächtigt worden, Beweise dafür gibt es allerdings nicht. Der Kreuzzug gegen die Hussiten ist als solcher auch nur ein weiteres Beispiel für die religiöse und nationale Intoleranz im späten Mittelalter.

Die Vertreibung der Juden aus der Landgrafschaft, verbunden wiederum mit der Streichung ihrer Forderungen aus dem Kreditgewerbe, war ein längerer, sich über Jahrzehnte erstreckender Prozess, und wohl auch nicht so gewaltsam wie das Massaker von 1349. Vielleicht darf man sich den Exodus so vorstellen, wie ihn eine Illustration in einer Pessach-Haggada von 1427 zeigt: Eine jüdische Familie im Reisewagen, mit Kind und Kegel, Hausrat und Vieh. Die Sangerhäuser Juden scheinen zunächst in die benachbarten Herrschaften ausgewichen zu sein und dort noch einen gewissen Schutz gefunden zu haben. Zu dieser Situation passt gut eine undatierte Urkunde, in der Graf Botho von Stolberg den Rat der Stadt Sangerhausen ersucht, *„Abraham, unseren Juden zu Kelbra* gesessen" freies Geleit durch Sangerhausen und physischen Schutz in Handelsstreitigkeiten mit Bürgern der Stadt zu gewähren.[17] Diese Urkunde wirkt wie ein Abgesang mittelalterlichen jüdischen Lebens in Sangerhausen. Es folgte eine lange Zeit, in der die Nachrichten über Juden in unserer Region immer spärlicher werden, aber die Erinnerung an sie hat sich doch noch länger erhalten.

Cyriakus Spangenberg, der in seinen Sangerhäuser Denkwürdigkeiten ein Feuer zu Ostern 1431 erwähnt, bei dem „viel Jüden und Christen zugleich sind mit verdorben", weiß dann zum Jahr 1519 zu berichten, dass die Judengasse nun Jacobgasse heißt.[18]

In seiner Mansfelder Chronik vermerkt Spangenberg zum Jahr 1571: „Den letzten Junij / ist einer zu Sangerhausen gerichtet worden mit dem Schwerd / der kurtz zuvor den eillfften Maij / einen Jüden bey hellem tage nicht weit vom Hause Mansfeld bey der schwartzen Eichen angesprenget und beraubet hatte."

In der Reformation spielte der manchmal bis zum Judenhass gesteigerte Antijudaismus Luthers eine entsprechend negative Rolle und auch die nachfolgenden Jahrzehnte boten Juden in den sächsischen Landen keine Entwicklungsmöglichkeiten. Außer einem Fall der Bekehrung eines Juden anlässlich der Weihe der Schlosskapelle im Jahr 1713 gibt es keine Nachrichten über Juden in Sangerhausen.

---

17 Friedrich Schmidt, a.a.O.,Bd. 1, S. 871.
18 Cyriakus Spangenberg, Kurze Vorzeichnis Chronick Wirdiger Geschichten der Stadt Sangerhausen [...]. In: Christian Gottlieb Buder, Nützliche Sammlung verschiedener, meist ungedruckter Schriften, Berichte, Urkunden [...], Frankfurt und Leipzig 1735, S. 345. Zitiert nach F. Schmidt, a.a.O., Bd. 1, S. 871.

# Zuzug von Juden nach Sangerhausen von 1812 bis zur Reichsgründung 1871

Die Wiederansiedlung von Juden in Sangerhausen in den ersten Jahrzehnten des 19. Jahrhunderts ist vor allem mit den Namen der *Gebrüder Pintus* verbunden. In der Sangerhäuser Stadtgeschichte von Friedrich Schmidt heißt es: „Der erste Jude hier war Moses Pintus. Dieser aus Polen stammende Jude kam 1812 in die hiesige Gegend und diente den Gemeinden Oberröblingen und Riestedt und auch Sangerhausen 1813 beim Durchzuge der Russen als Dolmetscher."[19] Offensichtlich konnte erst der Krieg Bedingungen für einen tiefer gehenden sozialen Wandel schaffen.

*Moses Pinthus* wurde 1781 in Grodzisk Wielkopolski geboren. In dieser ländlich geprägten Kleinstadt im Königreich Polen stellten die Juden fast die Hälfte der Bevölkerung. 1793 kam Grodzisk durch die zweite polnische Teilung an Preußen, gehörte nun unter dem Namen Grätz zur Provinz Posen und teilte die Schicksale des neuen Staates. Schon bald, 1806, kommt es nach der Schlacht bei Jena und Auerstedt zu einem weitgehenden Zusammenbruch Preußens. Friedrich Wilhelm III. (1770-1840) muss im Frieden von Tilsit 1807 auf die Erwerbungen aus den polnischen Teilungen verzichten. Napoleon schlägt die Provinz Posen mit Grätz dem Herzogtum Warschau zu. Landesherr ist dort der zum König aufgestiegene Herzog von Sachsen Friedrich August III. (1750-1828).

Waren es diese Umbrüche, die es dem damals 26-jährigen Moses Pintus ermöglichten, im Kernland seines neuen Landesherren, dem Königreich Sachsen, Fuß zu fassen? Im Jahr 1808 ist er in Hainichen nachweisbar. Die Stadt der Tuchmacher und Weber war nach dem verheerenden Wirbelsturm vom 23. April 1800 noch immer mit dem Wiederaufbau beschäftigt und hatte Bedarf an Arbeitskräften.

Ein günstiger Umstand war vielleicht auch, dass die Verwaltung Sachsens damals in französischen Händen lag. Möglicherweise bewirkten die Ideen der Französischen Revolution, dass sich die sächsischen Beamten nicht mehr so abweisend gegenüber Migranten zeigten wie ih-

19 Friedrich Schmidt, a.a.O., Bd. 1, S. 871. - Eine größere Gruppe Graetzer Juden siedelte sich in Luckau an. Vgl. www.luckauer-juden.de/Graetz.html.

re Amtsvorgänger. Moses konnte noch im selben Jahr seinem fünf Jahre jüngeren Bruder *Jacob Pintus* den Nachzug nach Hainichen ermöglichen.

1813 treffen wir dann die beiden Brüder in Sangerhausen an, wo sich Moses als Übersetzer den Behörden nützlich machen konnte. Wieder hatte sich das politisch-administrative Umfeld und damit die Chance einer festen Niederlassung völlig verändert. Sangerhausen war nach 1806 sächsisch geblieben und hatte großen Wert darauf gelegt, nicht – wie Eisleben – zum Königreich Westfalen zu gehören. Dort war im Geist der französischen Revolution eine wirkliche bürgerliche Gleichstellung der Juden erfolgt, in Sangerhausen wirkten die alten Beschränkungen noch Jahrzehnte weiter.

Daran änderte sich auch nur wenig, als Sangerhausen 1815 preußisch wurde, denn die Gesetzgebung für die neu gebildete Provinz Sachsen ließ die Juden betreffende Regelungen der Vorgängerstaaten in Kraft. Die Gebrüder Pintus kamen also weder in den Genuss der liberalen Bestimmungen aus napoleonischer Zeit, die in Eisleben weiter galten, noch profitierten sie von dem Preußischen Judenedikt aus dem Jahre 1812, von dem die Provinz Posen ausgenommen war. Die von dort stammenden Juden galten als „ausländische Juden" und unterlagen damit dem äußerst restriktiven „Sächsischen Mandat vom 16. August 1746". Diese Vorschrift des sächsischen Herzogs Friedrich August fand durch die preußische *„Allerhöchste Kabinetsordre vom 8. August 1830"* Bestätigung und wurde erst überprüft, als 1842 eine *„Regulierung der Verhältnisse der Juden"* von der preußischen Regierung ins Auge gefasst wurde. In diesem Zusammenhang berichtete im Rahmen einer landesweiten *„Enquète"* die Regierung in Merseburg an den preußischen Minister des Innern:

„Die Verhältnisse der Juden in den vormals sächsischen Landesteilen [betreffend], so sind nach Maßgabe der oben bereits erwähnten Allerhöchsten Kabinetsordre vom 8. August 1830 unter Ausschließung des Edikts vom 11. März 1812 auch hier die vorgefundenen Zustände und Rechtsnormen als fortdauernd gültig bestehen geblieben. Nach diesen sind die ältern gemeinschaftlichen Verhältnisse der Juden durch neuere Gesetzgebung in keiner Weise wesentlich alteriert worden, vielmehr sind sie der Hauptsache nach fortwährend in der beschränkten Weise gehalten worden, wie dies in früheren Zeiten überall der Fall war. Sie sind, wenn sie auch sonst nach § 31 und 32 des Edikts vom 11. März 1812 das Recht zur Niederlassung im Preußischen Staate erlangt haben mögen, doch durchaus von jeder freien Niederlassung im Herzogtum Sachsen ausgeschlossen.

Ausnahmsweise wird ihnen solche nur auf persönliche und auf einen bestimmten Ort lautende landesherrlich zu erteilende, nach neuerer Praxis Ministerial-Conzession gestattet. Sie erlangen aber dadurch immerhin keine staatsbürgerliche oder politische Rechte, dürfen demzufolge sich mit Grundbesitz nicht ansässig machen, öffentliche, wenn auch nur bürgerliche Ämter nicht bekleiden, auch Vormundschaften über Personen, welche nicht zu ihren Religionsverwandten gehören, nicht übernehmen, können bei dem noch bestehenden Zunftwesen, indem sie in die Innungen nicht aufgenommen werden, zünftige Handwerke nicht betreiben, und dürfen endlich keinen öffentlichen Gottesdienst halten. Sie erhalten durch die Concession nur das Recht unter dem Schutz der bürgerlichen Gesetze an dem Ort ihrer gestatteten Niederlassung sich aufhalten zu dürfen und sich daselbst zu nähren. Dergleichen Schutzjuden entrichten zugleich für die Gewährung des Rechtsschutzes, abgesehen von den Concessionsgeldern, ein Schutzgeld, wogegen der früher auch von ihnen zu entrichtende Leibzoll, welcher an jede vormalige Geleitshebestelle bezahlt werden musste, während der Napoleonischen Zeit aufgehoben worden ist.

Wegen dieser äußerst beschränkten Zulassung ist die Zahl der in den aus 13 Kreisen bestehenden vormals sächsischen Landesteilen unseres Verwaltungsbezirks sich aufhaltenden Juden gering und umfasst nur 99 Personen incl. Kinder."[20]

Zu diesen 99 jüdischen Personen im Regierungsbezirk Merseburg, die nur gegen Gebühr geduldet wurden, gehörten auch die Sangerhäuser Gebrüder Pintus mit ihren Familien. *Moses Pintus* hatte offensichtlich schon bald eine – vermutlich befristete – „Concession" erhalten, denn 1817 konnte er *Rosina Wolf* heiraten. Ihre vier Kinder wurden alle in Sangerhausen geboren. 1820 und 1828 verlängerte die Regierung in Merseburg die Aufenthaltsgenehmigung.

Weniger glatt und zugleich typisch für die damaligen Verhältnisse verläuft die Niederlassung bei seinem Bruder *Jacob*. Dies geht aus der bei Friedrich Schmidt mitgeteilten Aktenlage deutlich hervor. Im Zusammenhang mit einer geplanten Heirat hatte Jakob Pintus 1827 um eine „Concession" nachgesucht, war aber abgewiesen und an seinen Geburtsort Grätz verwiesen worden. „Der dortige Magistrat und die Synagoge hielten sich aber nicht für verpflichtet, ihn aufzunehmen, da er seit 20 Jahren vom 11. Jahr ab abwesend und seitdem durch Handel sein Brot verdient habe und auch vor dem Edikt vom 18. März 1812 in Sangerhausen angesessen sei." Seine Abschiebung war also am Einspruch der Behörden in der Provinz Posen, die jüdischen Zuzug

20 Manfred Jehle (Hg.), Die Juden und die jüdischen Gemeinden Preußens in amtlichen Enquèten des Vormärz, München: Saur, 1998, S. 322 f.

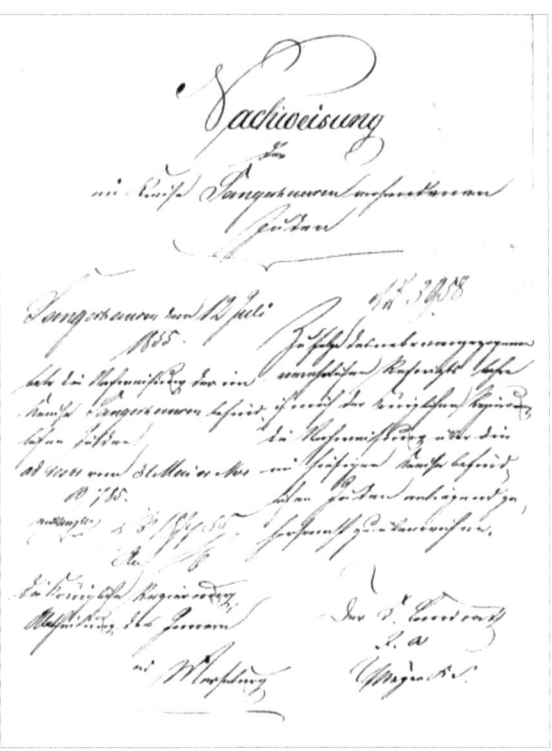

Die Landräte hatten auf die in ihrem Kreis
"einwohnenden Juden" ein wachsames Auge

scheuten, gescheitert. Für Jacob war dies insofern positiv, als er dadurch wenigstens eine zeitlich und inhaltlich begrenzte Aufenthalts-
erlaubnis für Sangerhausen erhielt. Er sollte sich – bei Androhung
eines Arrests – „durch Handarbeit auf ehrliche Weise ernähren" und
sich „durchaus nicht mit einem Handels- oder Maklergeschäft befas-
sen". Die Bewilligung erfolgte 1830.

Friedrich Schmidt teilt weiter mit, dass Jacob Pintus sich in Sangerhausen mit Altkleiderhandel nur schwer über Wasser halten konnte.
Er hatte eine wachsende Familie zu ernähren: Seine Frau Blümchen
Selig gebar ihm 5 Kinder, im Hause lebte zudem seine Schwiegermut-
ter. Eine geplante Ausweitung seines Geschäftes scheiterte an büro-
kratischen Hürden und letztlich an seinem frühen Tod 1847.
Bemerkenswert ist, dass er von der Stadt einen Begräbnisplatz in Sangerhausen erhielt. Mit der Familie Pintus sind also zwei Daten ver-

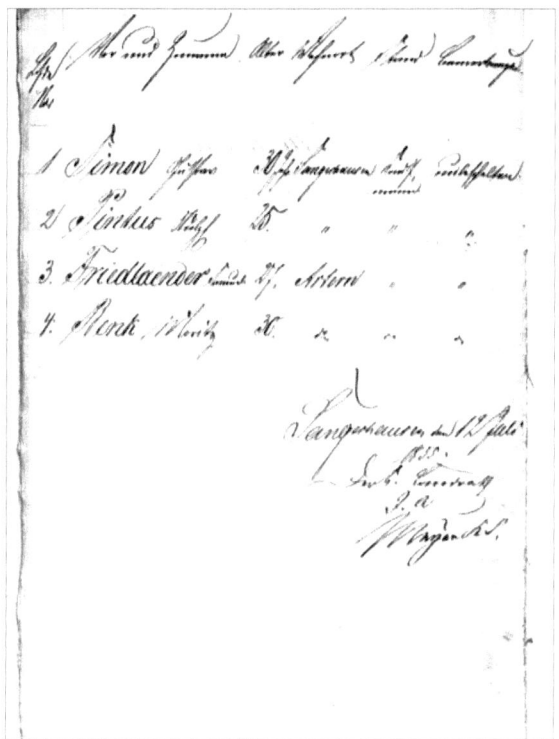

1855 waren im Kreis Sangerhausen, zu dem auch Artern
gehörte, nur vier jüdische Familen zu melden

bunden, die für einen Neubeginn jüdischen Lebens in Sangerhausen
stehen: Am 31. Dezember 1817 wird mit Friederica Pintus das erste jüdische Kind in Sangerhausen geboren, am 31. Januar 1847 mit Jacob
Pintus erstmals ein Jude in Sangerhausen begraben.

Die Enquète aus dem Jahre 1842 bereitete eine Neuordnung der die
Juden betreffenden Bestimmungen in Preußen vor, die dann in dem
*„Gesetz über die Verhältnisse der Juden"* vom 23. Juli 1847 Ausdruck fand.
Es brachte den Juden in den ehemals sächsischen Landesteilen die
Rechte aus dem Edikt von 1812 und als wesentlichen Fortschritt un-
eingeschränkte Bewegungs- und Niederlassungsfreiheit. Die rechtli-
che Gleichstellung hatte jedoch Einschränkungen. So durften Juden
im öffentlichen Dienst nur tätig werden, wenn damit keine hoheitli-
chen Aufgaben verbunden waren. Auch der Zugang zum Lehramt an
Hochschulen blieb beschränkt, von der Verwaltung der Hochschulen

waren sie zunächst ganz ausgeschlossen. Diskriminierende Bestimmungen galten für „nicht naturalisierte" – in der Regel die weniger wohlhabenden – Juden in der Provinz Posen.[21]

Auf der Grundlage dieses Gesetzes wurden zudem Synagogenbezirke gegründet, denen – auch aus steuerlichen Gründen – alle im Gemeindebezirk lebenden Juden angehören mussten. Ein solcher Synagogenbezirk entstand in Eisleben, er umfasste auch die Gemeinden Hettstedt und Mansfeld. Sangerhausen wird in diesem Zusammenhang nicht erwähnt, muss aber wohl später dazugekommen sein. In einer vom Landesverband Jüdischer Gemeinden Sachsen-Anhalt 1997 herausgegebenen „Geschichte jüdischer Gemeinden in Sachsen-Anhalt" werden folgende Zahlen zur Entwicklung des jüdischen Anteils an der Sangerhäuser Bevölkerung genannt:

> „1822 wohnten 3, 1826 5 und 1847 8 Israeliten in Sangerhausen. Ab 1858 wurde eine geringe Steigerung verzeichnet, so lebten in diesem Jahr 13 und 1864 22 jüdische Bürger in der preußischen Kleinstadt. Die Kaufleute Julie Salomon, Gustav Simon, Jacob Cohn und die Gebrüder Pintus waren bekannte Händler der Stadt. Die jüdischen Einwohner gehörten der Synagogengemeinde Eisleben an."[22]

Die Zahlen gehen vermutlich auf Angaben des Sangerhäuser Landrats zurück, zu dessen Aufgaben es wie überall in Preußen gehörte, über die Juden Buch zu führen und insbesondere die Beschulung der jüdischen Kinder zu überwachen.

Obwohl es sich bei den damaligen Sangerhäuser Juden nur um eine kleine Gruppe handelt, lassen sich die Namen und die Lebensdaten der einzelnen Personen nur bruchstückhaft ermitteln.

**Moses Pintus** (* 1781 in Grodzisk), der erste Neuansiedler, starb 1836 in Sangerhausen und wurde nach jüdischem Ritus in Eisleben begraben. Das Todesjahr seiner Frau Röschen ist nicht bekannt. Ihre beiden Söhne

**Wolff Pintus** (* 29.03.1819) und

**Robert Pintus** (* 1824) führten das Textilgeschäft in der Magdeburger Straße 8 noch in der zweiten Jahrhunderthälfte. Sie scheinen aber keine Nachkommen gehabt zu haben. Robert war mit

21 Gesetz-Sammlungen für die Königlich Preußischen Staaten, 1847, S. 262 ff. und 267-270.
22 Geschichte jüdischer Gemeinden in Sachsen-Anhalt. Versuch einer Erinnerung, Wernigerode: Oemler Verlag 1997, S. 231. Autoren der Texte: Bärbel Bugaiski, Ildiko Leubauer, Günther Waesche.

**Karoline Frühberg** verheiratet und am 03.04.1886 in Berlin verstorben ist. Ebenso dürftig sind auch die Spuren der beiden Töchter von Moses und Rosine Pintus:

**Friedericke Pintus** (* 21.12.1817) von ihr ist nur das Geburtsdatum bekannt.

**Amalie Pintus** (* 07.03.1821) war mit einem Meier Bremer verheiratet und starb 19.12.1901 in Gandersheim.

Grabsteine für Frieda und Arthur Simon in Eisleben

Neben der Familie von Moses Pintus gehörte auch die seines Bruders zu den Pionieren der jüdischen Ansiedlung in Sangerhausen:

**Jacob Pintus** (* 1787 Grodzisk – 1846 Sangerhausen) und

**Blümchen Pintus**, geb. Selig (* um 1805 in Langenhausen, heute Ortsteil von Gnarrenburg / Niedersachsen)

hatten vier in Sangerhausen geborene Kinder:

**Friderica Pintus** (* 29.09.1828)

**Adolf Pintus** (* 15.05.1830) war 1864 stimmfähiges Mitglied der Synagoge Eisleben und lebte in Sangerhausen.

**Hermann („Anschel") Pintus** (* 01.04.1832) heiratete 1858 in Berlin Hanna Joseph.

**Louis Pintus** (* 09.12.1836) heiratete am 03.09.1867 vermutlich schon in Zeitz Karoline Hessberg aus Schleusingen. In Zeitz ist er am 10.01.1888 verstorben. Mindestens bis 1849 lebte er in Sangerhausen, wo er am 9. Dezember 1849 seine Bar Mitzvah feierte.

25

Überliefert ist eine Geschäftsanzeige der Gebrüder Pintus.[23] Das in der Anzeige genannte Haus trägt heute die Bezeichnung Alte Magdeburger Straße 8. Die Gebrüder Pintus betrieben offensichtlich auch einen Kommissionhandel. Die familiäre Zugehörigkeit von

**Anna Pintus** (* 28.04.1869 in Sangerhausen – 24.02.1944 Ghetto Theresienstadt), verheiratete Wohlsdorf, ist nicht geklärt, sie wurde am 14.09.1943 von Berlin deportiert. Es ist erschütternd, dass schon die Enkel der ersten Ansiedlergeneration nach dem Mittelalter Opfer des Holocaust wurden.

Zahlreich und weitverzweigt ist die jüdische *Familie Simon*. In Eisleben früh vertreten und gut dokumentiert, ist der Name in Sangerhausen ebenfalls überliefert, aber die Zuordnung einzelner Personen mit diesem Namen ist schwierig.

Der einzige archivalische Befund stammt aus einer „Nachweisung der im Kreise Sangerhausen [...] einwohnenden Juden" vom 12. Juli 1855. Dort wird neben dem schon erwähnten Adolf Pintus auch der damals 30 Jahre alte

**Gustav Simon** genannt.[24] Von ihm können die Lebensdaten (ca. 1825 - >1864) nur erschlossen werden.

Eine andere Spur fand Sebastian Funk bei der Bestandsaufnahme der Grabsteine auf dem Alten Jüdischen Friedhof in Eisleben. Eine hebräische Inschrift lautet in Übersetzung: „Fridka Tochter von Yuda Ziman aus Zangerhauzen geboren 3 Heshvan 5615 [25.10.1854] starb 2 Tamuz

---

23 Ebda S. 233.
24 LHASA, MER,C 50 Sangerhausen A Nr. 22.

5646 [05.07.1886]". Da Friedas Geburtsdatum genau in die Zeit der „Nachweisung" vom Jahr 1855 fällt, liegt der Schluss nahe, dass es sich bei Yuda Simon um den oben genannten Gustav Simon handelt. Es war nicht unüblich, dass Juden neben ihrem bürgerlichen Namen im privaten Leben ihren traditionellen jüdischen Namen weiter führten.

Über die Frau von Gustav Simon ist nichts bekannt, ihre Kinder wurden in Sangerhausen geboren:

**Frieda Simon**, (s.o.),

**Arthur Simon**, * 15.09.1859,

**Thekla Erdlinde Simon**, * 17.04.1861.

Bis zum Jahr 1861 ist die Familie Simon also in Sangerhausen nachgewiesen, vermutlich war sie aber noch länger hier ansässig. An den bald nach der Geburt verstorbenen Sohn Arthur erinnert ein Grabstein auf dem Alten jüdischen Friedhof in Eisleben. Thekla heiratete den Berliner Banquier Albert Wolfsohn, beider Anschrift war 1892 Berlin, Zimmerstraße 30. Thekla wurde im hohen Alter von 81 Jahren Opfer des Holocaust. Um einer Deportation zuvorzukommen, hat sie sich am 16.03.1943 das Leben genommen. An sie erinnert ein Stolperstein in Berlin-Wilmersdorf, Prager Platz 4.

Zu den früh in Sangerhausen etablierten jüdischen Kaufleuten gehören der schon erwähnte
**Jacob Cohn** (um 1830-vor 1896). Er firmierte auch mit dem Vornamen Julius und war mit
**Sophie Speier** (ca. 1830 - <1912) verheiratet.

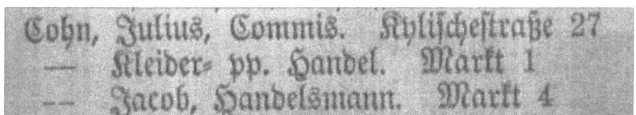

Von beiden ist bislang nicht bekannt, von wo sie nach Sangerhausen kamen, und auch die Geburtsdaten können nur annähernd erschlossen werden. In der schon genannten „Nachweisung" des Sangerhäuser Landrats vom Jahr 1855 fehlt der Name Cohn, aber er ist 1857 in dem Wählerverzeichnis der stimmfähigen Juden im Synagogenbezirk Eisleben, zu dem auch Sangerhausen gehörte, verzeichnet. In die Zeit zwischen diesen beiden Daten fällt also ihr Zuzug nach Sangerhausen, wo ihnen ein Jahr später das erste Kind geboren wird.

Das Adressbuch von 1886 verzeichnet einen Handelsmanns Jacob Cohn mit Wohnsitz Markt 4 sowie einen „Commis" Julius Cohn in der Kylischen Straße 27. Im Adressbuch von 1898 erscheint nur noch ein Cohn mit der Geschäftsadresse „Julius Cohn Kleider pp. Handel" am Markt 1.

Alle Kinder von Sophie und Jacob Cohn wurden in Sangerhausen geboren, s. unten S. 33 f.

**Julie Salomon** wird in der „Geschichte der jüdischen Gemeinden von Sachsen-Anhalt" als eine um 1860 bekannte Kauffrau in Sangerhausen bezeichnet, von ihr fehlen aber bislang weitere Belege.

Für den verstärkten Zuzug von Juden nach Sangerhausen seit der Jahrhundertmitte waren nicht nur die veränderten rechtlichen Bedingungen ab 1847 ursächlich, sondern ebenso das Wachstum und die positive wirtschaftliche Entwicklung der Stadt Sangerhausen. Die gesteigerte Kaufkraft der Bevölkerung lässt sich ablesen an den Einlagen bei der 1847 gegründeten Stadtsparkasse: 1855 : 82.304, 1865 : 665.309, 1875 : 4.221.896, 1880 : 6.525.405, 1895 : 10.487.818 Taler[25].

In dieser Zeit werden in Sangerhausen auch Fabriken gegründet: Maschinenfabrik Hornung & Co., die Actien=Feilenfabrik Sangerhausen, und 1906 folgte die Mitteldeutsche Fahrradfabrik.

Sangerhausen war attraktiv geworden für jüdische Handelsleute, die nun auch viel stärker im Erscheinungsbild der Stadt präsent werden. Damit erwachte zugleich das öffentliche Interesse am Judentum. Clemenz Menzel veröffentlichte erste Studien über Sangerhäuser Juden im Mittelalter, die andererseits auch auf jüdisches Interesse stießen.

Für viele jüdische Zuzügler sollte Sangerhausen allerdings nur ein Sprungbrett in größere Städte mit reich gegliederten jüdischen Gemeinden und besseren Aufstiegschancen werden.

---

25 Friedrich Schmidt, a.a.O., Bd. 2, Seite 398.

# Die Sangerhäuser Juden im Kaiserreich (1871-1918)

Die häufig hoch gelobte „preußische Judenemanzipation" hatte sich während der 1. Hälfte des 19. Jahrhunderts als ein quälender, von bescheidenen Zugeständnissen und vielfachen Rücknahmen geprägter Prozess erwiesen. Erst mit dem „*Gesetz betreffend die Gleichberechtigung der Konfessionen in bürgerlicher und staatsbürgerlicher Beziehung*" vom 3. Juli 1869 kam es in Preußen bzw. im Norddeutschen Bund zu einem Durchbruch. In dem Gesetz hieß es:

> „Wir Wilhelm … König von Preußen, verordnen im Namen des Norddeutschen Bundes, nach erfolgter Zustimmung des Bundesrathes und des Reichstages, was folgt: Alle noch bestehenden, aus der Verschiedenheit des religiösen Bekenntnisses hergeleiteten Beschränkungen der bürgerlichen und staatsbürgerlichen Rechte werden hierdurch aufgehoben. Insbesondere soll die Befähigung zur Theilnahme an der Gemeinde- und Landesvertretung und zur Bekleidung öffentlicher Ämter vom religiösen Bekenntniß unabhängig sein."[26]

Seit der Reichsgründung 1871 galt die rechtliche Gleichstellung der Juden in ganz Deutschland. Dennoch blieb der Zugang zu bestimmten öffentlichen Ämtern in der Praxis auch weiterhin beschränkt, so u. a. im prestigeträchtigen Militär sowie im Lehrkörper der Universitäten.

Andererseits dauerte es kaum ein Jahrzehnt, bis im Zusammenhang mit Wirtschaftskrisen und dem Zuzug von Juden aus Osteuropa ein neuer Antisemitismus entstand – zunächst in Form intellektueller Debatten, bald jedoch real durch das Entstehen politischer Parteien, die sich offen als „antisemitisch" bezeichneten.[27]

Trotz dieser Widerstände führte die rechtlich garantierte Freizügigkeit und der Wegfall der wirtschaftlichen Beschränkungen zu einem Aufschwung jüdischen Lebens, der sich auch zahlenmäßig festmachen lässt. Waren 1843 nur 3 jüdische Familien in Sangerhausen registriert, deren Zuzug noch in die napoleonische Zeit zurückging, gab es 1862 schon 22 jüdische Einwohner, und nach der Reichsgründung ließen sich deutlich mehr Juden in unserer Stadt nieder.

Drei Jahrzehnte später verzeichnet der Brockhaus 1898 unter den 11.414 Einwohnern in Sangerhausen 56 Israeliten. Eine andere Quelle

---

26 Bundes-Gesetzblatt des Norddeutschen Bundes 1869, S. 292.
27 Enzyklopädie jüdischer Geschichte und Kultur, Bd. 1, Stuttgart/Weimar: Metzler Verlag 2011, S. 277-282.

Mit der stärkeren Präsenz von Juden im Stadtbild wächst auch das
öffentliche Interesse an ihrer Herkunft und Geschichte

bestätigt diese Angabe und ergänzt sie durch eine Aufschlüsselung in
22 männliche und 34 weibliche Personen.[28] Zur Jahrhundertwende
dürfte der prozentuale Anteil jüdischer Mitbürger in Sangerhausen
seinen Höhepunkt erreicht haben, er blieb dennoch minimal. Zudem
war die Fluktuation nicht unbedeutend, wie Einzelbeispiele zeigen,
aber diese Größenordnung wird bis zum Ende des Ersten Weltkrieges
Bestand gehabt haben.

Als wichtigste Quelle für den namentlichen Nachweis jüdischer Familien kommen die Sangerhäuser Adressbücher in Frage, insbesondere
wurden die Ausgaben 1886 und 1898 verwendet. Die damaligen
Adressbücher verzeichnen allerdings nur die Namen des Haushalts-
vorstands, Frauen also nur, wenn sie alleinstehend waren. Eine weitere Quelle für den Zuzug und die Wirtschaftstätigkeit in der 2. Hälfte

---

28 Brockhaus' Konversationslexikon, 14. Auflage, Revidierte Jubiläums-
Ausgabe, Bd. 14, S. 270.

des 19. Jahrhunderts sind Anzeigen im „Kreisblatt" bzw. in der dieses Amtsblatt fortsetzenden „Sangerhäuser Zeitung".

Viele Namen und personenbezogene Daten, die im folgenden genannt werden, stammen allerdings aus der verdienstvollen genealogischen Familienforschung von Sebastian Funk[29]. Er konnte auch auf Mitgliederlisten der jüdischen Gemeinde in Eisleben zurückgreifen. Gerade seine Arbeit hat es ermöglicht, die im Brockhaus erwähnte Sangerhäuser Einwohnergruppe mit jüdischer Identität wenigsten annähernd namentlich zu rekonstruieren.

Die Sangerhäuser Juden waren überwiegend Kaufleute, die sich mit dem Handel von Textilien, Schuhen und Kurzwaren beschäftigten. Bestimmte Ladenlokale, besonders in der Kylischen Straße und der Göpenstraße, waren über längere Zeit in jüdischer Hand. Andererseits war jüdischer Hausbesitz um 1900 die Ausnahme. Zu den bekannteren Familien gehörten die folgenden:

**Robert Oppenheimer** teilt im Kreisblatt Nr. 19 vom 15. Februar 1872 mit, er sei genötigt, wegen seiner Verlobung eine dreitägige Schließung seines Geschäftes vorzunehmen. Am Sonntag stehe er seinen werten Kunden wieder zur Verfügung. Das Geschäft mit Handarbeitsartikeln befand sich in der Kylischen / Ecke Göpenstraße. Eine spätere Geschäftsadresse ist Göpenstraße 13.

**Fritz (Friedrich) Rose** mit einem Modegeschäft für „Damen- und Herrenbekleidung" in der Kylischen Straße 2 wurde von dem Rechercheteam um Franz Knobloch zu den Sangerhäuser Juden gezählt. Ein sicherer Beleg für jüdische Zugehörigkeit fehlt bislang. Er ist mit den Familienagehörigen Wilhelm Rose und Fanny Rose unter dieser Adresse 1886 nachgewiesen, seit 1898 als Eigentümer des Hauses, das vorher einem „Banquier" Wilhelm Quensel gehört hatte. Noch 1935 wohnte dort eine Witwe Luise Rose.

**Paul Baumann**, * 23.02.1868 in Sangerhausen wird im Beschneidungsbuch des Samuel Hamburger genannt. 1898 „Schuhfabrikant" in der Göpenstraße 37. Zur gleichen Zeit gab es in der Magdeburger Straße 8 eine „Schuhwaarenfabrik" von R. Baumann. Die Beziehung zwischen beiden Personen bleibt unklar. Schon 1908 sind sie nicht mehr in Sangerhausen ansässig. Paul Baumann emigrierte mit seiner Frau Milly Baumann 1928 in die USA.

29 Vgl.: http://data.synagoge-eisleben.de/gen/index.html.

Werbeanzeigen in der „Sangerhäuser Zeitung", Jahrgang 1898, zeigen den Textilhandel als Schwerpunkt jüdischer Handelstätigkeit

**Isidor Bauchwitz** (1833-1914) war 1886 Eigentümer des Hauses Kylische Straße 52. Er stammte aus Czarnikau-Schönlanke / Provinz Posen und war mit Ida Jüdel (1844-1924) verheiratet. Das Paar war schon in den 1860er Jahren in Sangerhausen ansässig, wie die Geburtsdaten der Kinder ausweisen. Die wohlhabende Familie muss noch vor 1896 nach Halle verzogen sein. Von den 6 Kindern der Familie überlebte nur der Sohn Walter den Holocaust durch rechtzeitge Flucht ins Ausland.

**Martha Bauchwitz**, 10.09.1868 Sangerhausen – 02.11.1944 Ghetto Theresienstadt, verheiratete Büchler, von Berlin-Wilmersdorf deportiert.

**Adele Bauchwitz**, * 23.07.1874 Sangerhausen, verheiratete Hirsch, lebte in Schöningen und Berlin, wurde von dort am 18.10.1941 in das Ghetto Łódź deportiert, 08.05.1942 in Chełmno ermordet.

**Paul Bauchwitz**, 25.11.1876 Sangerhausen – 03.06.1942 Vernichtungslager Sobibór, Textilkaufmann in Halle, Geschäft: Hansering 9/10, Privat: Blumenthalstr. 18

**Hans Bauchwitz**, *09.06.1878 Sangerhausen, Kaufmann, verheiratet mit Gertrud Blumenthal, Adresse 1939: Berlin, Paulsborner Straße, beide am 02.04.1942 aus Berlin deportiert, vermuteter Todesort: Trawniki.

**Kurt Bauchwitz**, 27.11.1881 Sangerhausen – 03.06.1942 Sobibór, Rechtsanwalt in Halle, Große Ulrichstraße 2, zuletzt Hindenburgstraße 63

**Walter Bauchwitz**, * 02.03.1884, konnte 1941 in die Dominikanische Republik emigrieren und ist am 29.07.1945 in Santo Domingo verstorben. Ein interessantes Detail aus der Familiengeschichte Bauchwitz: Walter legte das Abitur 1901 an der berühmten von Israel Jacobsohn (1768-1828) gegründeten jüdischen Reformschule in Seesen ab.

Die Kinder der schon vor der Jahrhundertmitte zugezogenen Familie von Jacob/Julius *Cohn* (um 1830- vor 1896) und seiner Frau Sophie, wurden in Sangerhauen geboren und verbrachten hier ihre Jugend:

**Pauline (Paula) Cohn**, geb. 04.05.1858 in Sangerhausen, verheiratet mit Paul Wiener (geb. 10.03.1862 in Hohenlohehütte/Kattowitz) wurde mit ihrem Mann 31.08.1942 von Berlin in das Ghetto Theresienstadt deportiert. Paul Wiener starb dort am 19.09.1942, Pauline starb wenig später am 02.11.1942.

**Helene Cohn**, geb. 22.08.1864 in Sangerhausen, verheiratet mit (s.d.) Julius Lazarus. Am 27.07.1942 wird sie von Berlin in das Ghetto Theresienstadt deportiert, von dort am 19.09.1942 mit weiteren 2000 Personen nach Treblinka. Der Transport (Bo/Da83) erreichte das Vernichtungslager am 21./22.09.1942, die Ermordung der Deportierten erfolgte umgehend. Julius und Helene hatten drei Kinder: Alfons, Willy und Ella (s. Lazarus).

**Max Cohn**, geb. 06.07.1866 in Sangerhausen, vor 1900 verzogen, Adresse 1939: Dortmund, Malinckrodstraße 110, er starb am 04.12.1941 im Sammellager Dortmund-Huckarde im Alter von 75 Jahren. Seine Frau Ida, geb. Franke (* 13.02.1872 in Alsleben a. d. Saale), wurde am 29.07.1942 von Dortmund in das Ghetto Theresienstadt deportiert und ist dort umgekommen. Enkel und Urenkel leben in England.

**Henrietta Cohn**, geb. ca. 1870 in Sangerhausen, verheiratet mit (s.d.) Moritz Loewe, der um 1900 in das Geschäft seines Schwiegervaters Julius Cohn eintrat. Von weiteren, vermutlich vor 1864 geborenen Geschwistern Clara, Liesa und Jenny sind nur die Namen bekannt.

**E. Bernstein** jr. schaltete im Adressbuch 1886 eine Werbeanzeige für sein Geschäft mit „Herren & Knaben Garderobe" im Haus Kylische Straße 32 (Eigentümer später I. Bauchwitz). Näheres ist über ihn nicht bekannt.

**Friederike Friedmann.** Witwe, wohnte 1886 in der Kylischen Straße 28, die Geschwister
**Bianca Friedmann** und
**Ida Friedmann** sind vermutlich ihre Töchter, sie unterhielten in der Kylischen Straße 21 ein Geschäft für Tapisseriewaren. Zur gleichen Zeit wohnte ein Kaufmann
**Siegmund Friedmann** am Kornmarkt 8 und unterhielt ein Lederwarengeschäft in der Magdeburger Straße 15.

Die Beziehungen dieser Friedmanns untereinander sind nicht geklärt. Der Name erscheint schon bald nach der Jahrhundertwende nicht mehr in Sangerhausen.

Nicht zu ihnen gehörte Rosa Friedmann, die Frau von Otto Fleischmann (s.d.), sie wurde in Köditz geboren und ist mit ihrem Mann erst um 1910 nach Sangerhausen gekommen.

**Robert Rubin** hatte in der Göpenstraße 9 ein „Geschäft für Weißwaren", die private Adresse: Göpenstraße 13. Ein Sohn ist bekannt:

**Felix Rubin**, geb. 20. 01. 1887 in Sangerhausen. Im April 1937 wurde er von Berlin in das KZ Dachau (Häftlingsnummer 11386) eingeliefert und kam von dort mit einer Vielzahl jüdischer Häftlinge anderthalb Jahre später in das KZ Buchenwald. Hier wurde er am 23. 09. 1938 unter der Nummer 8731 als „politischer Jude" registriert. Er gab als Beruf „Kaufmännischer Angestellter" an. Nach seiner Freilassung floh er nach Shanghai und kam 1947 in die USA. Er starb am 18.01.1962 in San Franzisco. In Buchenwald hatte er als Wohnort die Adresse seiner Mutter angegeben: **Recha Rubin**, Berlin N 65, Iranische Straße 3. Dort befand sich ein jüdisches Altersheim. Sie gehört zu den Opfern der Tötungsanstalt Bernburg im Juli 1940.

Ein Arthur Rubin wird noch 1935 als „Wäschereibesitzer" in der Mühlgasse 15 genannt. Glaubt man dem Sangerhäuser Adressbuch von 1949, dann führte er das Geschäft dort (nun Max-Lademann-Straße) auch nach dem Krieg weiter. In der gleichen Straße Nr. 23 wohnte eine Bertha Rubin. Die jüdische Identität und die Beziehung dieser Personen zur Familie von Robert Rubin sind ungeklärt.

**Karl Lewin** wohnte 1898 in der Magdeburger Straße 13, eine

**Paula Lewin** wohnte im gleichen Jahr in der Kylischen Straße 38. Sie heiratete den aus Marienwerder stammenden Sally Wolff (* 28.04.1872) und bot 1902 unter ihrem Namen in einem „Kaufhaus" Kylische 23 „Textilien aller Art" an. Im Jahr 1903 wurde in Sangerhausen ihr Sohn Heinz geboren, noch vor 1914 muss der Umzug der Familie Sally Wolff nach Halle erfolgt sein. Das Ehepaar wurde 1942 in das Ghetto Theresienstadt deportiert, dort sind Sally am 19.10.1942 und Paula am 28.03.1943 umgekommen. An sie erinnern Stolpersteine in Halle, Beesener Straße 241.

**Julius Lazarus** (geb. um 1860) wohnte 1886 mit seiner Frau Helene, geb. Cohn in der Kylischen Straße 32. Beide 1911 in Berlin-Rixdorf nachgewiesen. In Sangerhausen wurden ihre Kinder geboren:

**Alfons Lazarus** (* 22.02.1889), verheiratet mit Toni Friedländer (* 09.06.1893 in Züllichau/Brandenburg). Das Ehepaar wurde am 18.10.1941 von Berlin mit 1013 weiteren Personen in das Ghetto Litzmannstadt (Łódź) deportiert. Eine Überlebende des Transportes berichtete später: Es „begann am Vormittag die Ausschleusung aus dem Sammellager ... nach dem Bahnhof Grunewald bei strömendem Regen. Die SS hatte ihre offenen Lastwagen vorfahren lassen ... diese durften aber nur Schwache und Kinder benutzen, alle anderen mussten in einem langen Zug durch die Stadt laufen."[30] Alfons und Toni Lazarus teilten das Schicksal der meisten nach Łódź deportierten deutschen Juden. Sie wurden im Vernichtungslager Kulmhof (Chełmno) ermordet. Ihr Todesdatum ist der 10. September 1942.

**Willy Lazarus** ohne weitere Daten

**Ella Lazarus** (* 11.10.1890 in Sangerhausen) war verheiratet mit Kurt Dehn und erlebte die NS-Zeit in Berlin-Schöneberg. Zusammen mit ihren beiden Töchtern Ursula (16 Jahre) und Vera (13 Jahre) wurde sie am 03.02.1943 von Berlin Moabit nach Auschwitz deportiert. Es ist nicht bekannt, dass sie überlebt hat. Im Kalendarium heißt es über den Transport Da15: „Nach einer Selektion an der 'alten Judenrampe' am Güterbahnhof Auschwitz 181 Männer und 106 Frauen als Häftlinge in das Lager eingewiesen, die übrigen Menschen in den alten Gaskammern ('Bunkern') getötet."[31]

**Louis Mathias**, Kaufmann, wohnte 1886 in der Göpenstraße 25. Er war mit der aus Mühlhausen stammenden Ernestina Lichtenstein verheiratet. Seine Tochter

**Gertrud Mathias**, * 09.03.1885 in Sangerhausen, verheiratete Hinz. 1941 lebte sie in Berlin Mitte, am 01.11.1941 ins Ghetto Łódź deportiert, am 08.05.1942 im Vernichtungslager Chełmno ermordet.

**Henry Wormann**, (* 26.12.1859 in London) Kaufmann, Markt 17, muss zwischen 1893 und 1895 nach Sangerhausen gekommen sein. 1898 annonciert er als Nachfolger von Alfons Lazarus. Verheiratet mit

**Johanna Lazarus** (* 27.11.1861), wann die Familie Sangerhausen wieder verlassen hat, ist nicht bekannt. Er ist 1933 in Berlin verstorben. Seine Tochter

**Charlotte Wolfine Wormann**, wurde am 12.08.1895 in Sangerhausen geboren und war mit

**Julius Simon**, geb. 13.08.1893 in Berlin, verheiratet. Den beiden Eheleuten gelang nach 1933 die Flucht nach Amsterdam, sie wohnten

---

30 Alfred Gottwald, Diana Schulte, Die «Judendeportationen» aus dem Deutschen Reich 1941-1945, Wiesbaden: Marix-Verlag 2005, S. 71.
31 Ebenda, S. 404 f.

in Lijnbaansgracht 267 II, wurden dort aber nach der Besetzung aufgespürt, nach Westerborg deportiert und kamen mit dem Transport vom 1. Juni 1943 in das Vernichtungslager Sobibór. Ihr Todesdatum ist der 4. Juni 1943.

**Max Lichtenstein** gehört zu den älteren, seit 1886 in Sangerhausen nachgewiesenen jüdischen Textilhändlern. Er schaltete am 12. Dezember 1896 für sein Textilgeschäft eine Anzeige in der Sangerhäuser Zeitung. Die Geschäftsräume befanden sich damals in der „Alten Post", Göpenstraße 34, später warb er für „Weiß- und Wollwaren" in der Göpenstraße 25. Das Geschäft soll nach ihm Sally Rothstein übernommen haben. Persönliche Daten und Angehörige von Max Lichtenstein sind nicht bekannt.

**Moritz Loewe** (* 25.08.1867) stammte aus Wanzleben. Sein Vater, der Kaufmann Louis Loewe (1808-1899), hatte seinen Söhnen den Besuch des Gymnasiums in Magdeburg ermöglicht. Nach der mittleren Reife besuchte Moritz noch eine Handelsschule und kam durch seine Verbindung mit

**Henrietta Loewe**, geb. Cohn (s. o.) um 1890 nach Sangerhausen. Moritz Loewe führte das Geschäft seines Schwiegervaters im Rathaus, Markt 1, weiter, bezog aber später größere Verkaufsräume für gehobene Textilien und Schuhe in der Göpenstraße 21. Er wurde Eigentümer des Hauses Bergstraße 25. Über die Nachkommen von Moritz und Henrietta siehe weiter unten.

**Paul Löwenstein** ist 1886 als Kaufmann mit der Adresse Kornmarkt 10 nachgewiesen. Er war mit Pauline Meyerstein verheiratet. Beide lebten später in Berlin und sind dort verstorben. Paul am 04.06.1919. Eine Sangerhäuserin

**Trina Löwenstein,** geb. Rosenthal (* 07.07.1857) verstarb 10 Monate nach ihrer Heirat mit H. Löwenstein. Mit ihrer Beerdigung wurde am 28. Mai 1882 der Neue Jüdische Friedhof in Eisleben feierlich eingeweiht. [31a]

Etwa anderthalb Jahrzehnte lebte die *Familie Julius und Laura Wolff* in Sangerhausen, ihre Adresse war Magdeburger Straße 15.

**Julius (Juda) Wolff** (* 1843 in Leipzig) und seine Frau

---

31a Darüber ein Bericht in der Allgemeinen Zeitung des Judenthums, 46. Jg., Heft 24, 13.06.1882. Fund von Sebstian Funk.

**Laura Löwenstein** (* 1846 in Berlin) hatten 3 Töchter, die in Berlin geboren wurden:
**Emma** * 07.08.1874,
**Margarethe** * 24.05.1876 und
**Elfriede** * 16.12.1877.

In Sangerhausen erblickten ihre beiden folgenden Söhne das Licht der Welt, die Wolffs in der Magdeburger Straße müssen also um 1880 nach Sangerhausen gekommen sein. 1898 werden sie im Adressbuch nicht mehr geführt, sie lebten später in Berlin, wo Laura Wolff 1920 und Julius Wolff 1924 verstarben.

Für den „Sprung in die Großstadt" und die daraus entstehenden neuen Möglichkeiten der jungen Generation sind die Lebenswege der beiden Söhne besonders aufschlussreich.

**Theodor Wolff** wurde am 25.07.1880 in Sangerhausen geboren und ist hier mit großer Wahrscheinlichkeit auch zur Schule gegangen. Nach der Mittleren Reife brach er aus Liebe zur Schriftstellerei die weitere Ausbildung ab.

*Zwischen Assimilation und Unbehagen im Kaiserreich –*
*das Beispiel von Theodor Wolff*

Um die Jahrhundertwende wird Theodor Wolff mit dem Namenszusatz „Thüring" bekannt als Autor, der zu aktuellen Themen kritisch Stellung nimmt. Im Alter von 23 Jahren veröffentlicht er eine gegen die Sozialdemokratie, insbesondere gegen August Bebel, gerichtete „Philosophie der Gesellschaft", die Individualismus gegen Sozialismus stellt. Er gehört den Gründern eines allerdings kurzlebigen „Vereins deutsch-nationaler Juden", der gegen „rassischen Antisemitismus" agiert und in der Satzung „aus patriotischen Erwägungen" Sozialdemokraten von der Mitgliedschaft ausschliesst. 1903 erscheint von ihm eine Schrift unter dem Titel „Wilhelm II" mit dem Zusatz „Eine kritische und Charakterstudie".

Beeindruckt von der Individualität des deutschen Kaisers, bezeichnet er ihn als einen „Mann, dessen Eigenart und Schicksal vielleicht einmal den Shakespeare späterer Tage anregen und Stoff und Idee für eine gewaltige und packende Fürstentragödie liefern wird". Er bewundert die „voluntas regis", die über dem Konstitutionalismus stehe. Die Leidenschaft kaiserlicher Rede lege sich „wie der Rausch

Roman und philosophischer Diskurs - in beiden Formen setzte sich
Wollf-Thüring mit der Frauenbewegung seiner Zeit auseinander. Im
Zentrum steht seine Kritik an der Sozialdemokratie

feurigen Weines auf Herz und Seele", Wilhelms Sozialpolitik stehe
hoch über dem Horizont sozialdemokratischer Proletarierweisheit.

Viele solcher Elogen sollen die Größe dieses Mannes beleuchten, zugleich sieht der Autor aber im Licht seiner „Objektivität jenseits des
Parteienhaders" auch die dunklen Seiten dieser Kraftnatur: Wilhelms
Impulsivität, seine Befangenheit im ererbten „Feudalkonservatis-
mus", ein über Wollen und Können hinausgehendes Selbstbewusst-
sein, soldatisches Naturell, militärische Denkweise sowie Mangel an
modern-liberaler Veranlagung.

Für Wolff-Thüring kennzeichnen diese Widersprüche Wilhlem als
einen Herrscher, der Jahrhunderte zu spät gekommen ist und deswe-
gen kaum als „Wilhelm der Große" in die Geschichte eingehen kann.
Vom Kaiser gehe zudem Kriegsgefahr aus, lässt Wolff-Thüring ahnen.
Er strebe nach dem Lorbeer des Krieges und will „sein Deutschland als
die unantastbar erste Weltmacht zu Wasser und zu Lande sehen",
aber noch zwinge ihn „das sittliche Pflichtbewusstsein der Notwen-
digkeit gesicherten Friedens darnieder". „Noch", wiederholt er hell-
sichtig.

Die innere Widersprüchlichkeit, die Wolff-Thüring in der Person des
Kaisers analysierte, dürfte ein Stück weit auch den seelischen Zwie-

spalt widerspiegeln, der bei den assimilierten Juden im Kaiserreich entstanden war. Einerseits waren sie in ihrer großen Mehrheit national-liberal und „kaisertreu", vertreten durch den „Centralverein deutscher Staatsbürger jüdischen Glaubens", andererseits mussten sie spüren, dass der aggressive Nationalismus im wilhelminischen Deutschland eine Gefahr für ihre jüdische Identität darstellte und sie zudem ihren Glaubensgenossen im übrigen Europa entfremden musste. Auch für Wolff-Thüring waren England und Frankreich die Nationen, die seinem Ideal einer individualistischen Gesellschaft am nächsten standen.

Die von Wolff-Thüring 1903 formulierte Kriegsahnung sollte sich bald bewahrheiten. 1914 wurde er eingezogen und kam an die Ostfront.[32] Über seine Erfahrungen im Krieg hat er nichts berichtet, aber ein Orientierungswechsel deutet sich an: Lazarettaufenthalte nach schweren Verwundungen nutzt er zum Studium der alten Sprachen und entwickelt Interesse an naturwissenschaftlichen Fragen.

Nach dem Krieg legte er das Abitur als Externer am Dom-Gymnasium in Naumburg ab und konnte sich 1922 an der Berliner Universität mit den Fächern Mathematik, Physik und Philosophie immatrikulieren. Vier Jahre später wurde er zum Dr. phil. promoviert. Radiosendungen und populärwissenschaftliche Werke mit großen Auflagen machten ihn während der Weimarer Zeit auf diesem Gebiet bekannt und wohlhabend. Es waren wohl die Kriegserlebnisse, die sein Interesse weg von gesellschaftlichen Fragestellungen auf unpolitische Themen wie Mathematik und Zahlentheorie geleitet hatten.

Wolff-Thürings erfolgreicher Berufsweg endete 1933. Zwar war er durch seine Ehe mit einer Nicht-Jüdin, Gertrud Treger, und wegen seines großen Bekanntheitsgrads zunächst vor den schlimmsten Auswirkungen der Rassegesetze geschützt, aber das Publikationsverbot für jüdische Schriftsteller vernichtete seine wirtschaftliche Existenz. Den Namenszusatz Thüring hatte er zu Beginn seiner Schriftstellerkarriere gewählt, um sich von dem gleichnamigen, sehr einflussreichen und ebenfalls jüdischen Chefredakteur des Berliner Tageblatts zu unterscheiden. Die Gestapo verhaftete ihn am 20. Januar 1943 aber als den vermeintlichen Chefredakteur Theodor Wolff. Interventionen seiner nicht-jüdischen Frau hatten keinen Erfolg, Theodor Wolff-Thü-

---

32 Zur Biographie vgl.: https://www.stolpersteine-berlin.de/ /biografie/997

Blick in die Göpenstraße um 1910 - Geschäft von Sally Rothstein links

ring wurde nach Auschwitz deportiert und am 20. Juli 1943 ermordet. Das gleiche Schicksal teilte seine Schwester Elfriede Wolff (* 16.10.1877 in Berlin). Seine Tochter Edith Wolff, war nach 1933 in Berlin in der jüdischen Widerstandsgruppe Chug Chaluzi (Pionier-Kreis) aktiv , wurde fast zur gleichen Zeit von Gestapo verhaftet. Sie überlebte eine Haftstrafe und die anschließenden Konzentrationslager Dachau und Ravensbrück. Nach der Befreiung emigrierte sie nach Israel und arbeitete bei der Stiftung Yad Vashem. Für Theodor Wolff wurde in Berlin, Bundesallee 79, ein Stolperstein verlegt. Sein jüngerer, ebenfalls in Sangerhausen geborener Bruder

**Dr. Georg Wolff** studierte Medizin (Promotion 05.12.1915) und war vor 1933 Stadtschularzt in Berlin. Ihm gelang die Flucht in die USA, er starb am 16.09.1952 in Washington DC.

Zu den kurz vor der Jahrhundertwende nach Sangerhausen gekommenen jüdischen Kaufleuten gehört

**Paul Loewe,** * 14.09.1867 in Gröbzig. Er unterhielt 1898 in der Göpenstraße 31 ein Geschäft für Sport- und Berufskleidung.

Im Volksmund wurde er ‚Unterlöwe' genannt, eine Verwandtschaft mit Moritz Loewe (‚Oberlöwe'), Göpenstraße 21, besteht nicht. Die Schreibweise des Namens Loewe / Löwe wechselt in der Familie von

Paul Loewe. Die Kinder Walter und Frieda benutzten ausschließlich die Form „Löwe". Paul Loewe war verheiratet mit einer Nichtjüdin Martha, geb. Richter, (* 02.07.1877 Bernburg – 23.02.1957 Sangerhausen). Sie wird im Adressbuch 1935 als Witwe genannt, Paul Loewe muss daher vor Beginn der Deportationen verstorben sein. Die Kinder mussten Zwangsarbeit leisten, aber überlebten:

**Walter Löwe** (16.01.1899 – 17.10.1964), Buchhalter.

**Frieda Löwe** (04.05.1903–21.10.1968) verzog als junge Frau nach Leipzig, war 1921 im Kommunistischen Jugendverband, seit 1923 Mitglied der KPD. Sie arbeitete bei den Continental-Gummiwerken, von 1928-1933 war sie Mitglied des Betriebsrates.

Eine langjährige Freundschaft verband Frieda Löwe mit dem Leipziger Maler und Grafiker Alfred Frank (28.05.1884-12.01.1945) und seiner Frau Gertrud. Frank war aktiv im Widerstand, wurde am 19. Juli 1944 von der Gestapo verhaftet, im November 1944 vom Volksgerichtshof zum Tode verurteilt und am 12. Januar 1945 in Dresden hingerichtet.

Frieda Löwe kehrte nach dem Krieg nach Sangerhausen zurück. Als Antifaschistin anerkannt, absolvierte sie einen Neulehrerlehrgang und arbeitete bis zu ihrer Pensionierung als Lehrerin, zuletzt in der Funktion der Schulleiterin, an der EOS Geschwister-Scholl in Sangerhausen.[33]

**Sally Rothstein** wird erstmal 1898 als „Commis" mit Wohnort in der Göpenstraße 34 genannt, wo Max Lichtenstein ein Textilgeschäft unterhielt. Er hat dieses Geschäft bald übernommen und mit einem hochwertigen Sortiment bis 1933 weitergeführt. Seine Privatadresse war Neuehäuserstraße 11-13. Seine Tochter

**Selma Rothstein** (* 02.06.1894 in Roßla) war mit dem Berliner Rechtsanwalt Theodor Lifschitz verheiratet. Mit ihm wurde sie am 29. November 1942 nach Auschwitz deportiert. Das genaue Todesdatum ist nicht bekannt, an ihrem letzten Wohnort in Berlin-Wilmersdorf, Nürnberger Straße 66, erinnern an Selma und Theodor Stolpersteine.

---

33 Kurt Müller (Hg.), Unsere Heimat zwischen Harz und Kyffhäuser, Teil III, Sangerhausen 1956, S. 43. Darauf basierend: „Die Jüdin Frieda Loewe wurde 1953 Verdiente Lehrerin des Volkes", in: Mitteldeutsche Zeitung (Halle), 21. Oktober 1995, S. 12.

# Vom Ende des Ersten Weltkriegs bis zur Vertreibung 1942

Von den Sangerhäuser Juden wissen wir, dass Otto Fleischmann, Arthur Loewe und Kurt Ikenberg Frontsoldaten waren. Der Krieg und die Nachkriegssituation hatten empfindliche Auswirkungen auf die Lebensbedingungen der Juden in Deutschland. Die totale Niederlage Deutschlands war für die bis zum Ausbruch des Krieges in ihrer

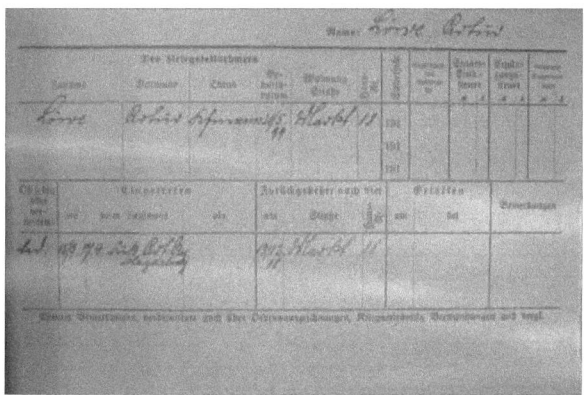

Nach einer Datei über Sozialleistungen im Krieg haben die Sangerhäuser jüdischen Kriegsteilnehmer keine Sozialleistungen in Anspruch genommen

Mehrheit national-liberal orientierten[34] und häufig auch patriotisch gestimmten deutschen Juden ein Schock besonderer Art. Sie hatten die Last des Krieges mitgetragen, mussten nun aber feststellen, dass sie zum Sündenbock für die Niederlage gemacht wurden.

Die verstärkte antisemitische Propaganda nach 1918 und die Morde an jüdischen Politikern wie Kurt Eisner und Walther Rathenau wirkten wie ein Fanal. Es zog die Juden in die großen Städte, wo sie sich sicherer fühlen konnten und in den wirtschaftlich schwierigen Nachkriegsjahren meist bessere Berufsmöglichkeiten vorfanden, wie

34 Ulrich Sieg, Das Judentum im Kaiserreich (1871-1918), in: Arno Herzig, Cay Rademacher (Hg.), Die Geschichte der Juden in Deutschland, Hamburg: Ellert & Richter Verlag 2007, S. 122-129 passim.

das Beispiel der Familie Bauchwitz zeigt. Die Preußische Statistik weist für das Jahr 1927 nur noch 48 Juden im gesamten Kreis Sangerhausen (d. h. mit Artern und Roßla) aus. In den kleineren Städten kommt es zu größerer Fluktuation unter den Juden.

Zu einigen jüdischen Namen, die seit der Jahrhundertwende in Sangerhausen auftauchen und auch nach 1918 nachweisbar sind, gibt es nur wenige Anhaltspunkte, dazu gehören:

**Leon Finkelstein**, Übersetzer, er soll wie seine in Triest geborene jüdische Frau

**Fanny Lion**, aus Österreich-Ungarn stammen. Ihre Adresse bis 1930: Neuehäuserstraße 11-13. Beide dürften vor Beginn der Verfolgungen gestorben sein. Ihr Sohn ist vielleicht der Berliner Künstler

**Michael Finkelstein** ("Michel Fingesten", (* 18.04.1883 in Buczkowitz /(Österreich-Ungarn) - 08.10.1943 in Italien). Eine Beziehung zu Sangerhausen besteht wahrscheinlich nicht.

**Bernhard Finkelstein**, wird nach einer Recherche von Alexander Süß, Coburg, im Jahrbuch der deutschen Volksbüchereien, 1929, S. 93, als verstorbener ehemaliger Leiter der Städtischen Volksbücherei Sangerhausen genannt.

**Johanna Böttche**r, Alte Promenade 48, war nach der Erinnerung einer ehemaligen Nachbarin Jüdin, ihr Mann, der Direktor der Zuckerfabrik Oberröblingen Johannes Böttcher war Nicht-Jude. Über ihren Verbleib nach 1933 ist nichts bekannt.

Einen besonders interessanten, aber noch nicht näher aufgehellten Fall bilden zwei Männer, vermutlich Brüder, die im Spanischen Bürgerkrieg in internationalen Brigaden auf Seiten der Republik kämpften.

**Arthur Neumann** (* 24.10 1999 in Obersdorf) und
**Paul Neumann** (* 18.04.1906 in Sangerhausen)

Ihre Namen tauchen in einer Liste jüdischer Freiwilliger im Bataillon Ernst Thälmann[35] auf. Nach dieser Quelle ist Paul Neumann 1936 im Kampf gefallen. Ihre Beziehung zu dem Sangerhäuser Kaufmann

---

35 Martin Sugarman, Against Fascism – Jews who served in The International Brigade in The Spanish Civil War. https://www.jewishvirtuallibrary.org/jsource/History/spanjews.pdf, S. 103. Abgerufen 01.06.2020.

**Benjamin Neumann** ist nicht geklärt, dieser erscheint 1914 im Adressbuch: Jacobstraße 4, führte 1928 und 1935 ein Möbelgeschäft in der Göpenstraße 13, neben Bendix Ikenberg.

**Ludwig Nußbaum**, Viehhändler, Sperlingsberg 18, hatte sich auch in Wallhausen niedergelassen, seine Frau

**Selma Weißkopf** (* 21.03.1887) starb am 15.12.1928 in Halle und wurde auf dem Neuen jüdischen Friedhof in Eisleben beerdigt.

Diese Personen finden in den Erinnerungen von Bernhard Hecht an seine Jugend um 1933 Erwähnung.[36] Nicht geklärt ist die jüdische Identität weiterer dort genannter Personen: Oskar Knapp, Ulrichstraße 3, David Knapp, Geschäft Ulrichstraße 3, privat Bonifaziusplatz 14.

Zu den jüdischen Mitbürgern, die nur kurze Zeit in Sangerhausen lebten, aber stärker in Erinnerung geblieben sind, gehört

**Sofie Luise Gorek** (Mädchenname: Schneider). Sie wurde 23. Februar 1877 in Kenty / Oberschlesien geboren und war mit dem nichtjüdischen Konditormeister Johann Gorek (1878-1942) in Kölleda verheiratet, lebte zeitweise bei ihrem Sohn in Sangerhausen.

Ihr 1905 dort geborener Sohn Johannes (Rufname Hans) unterhielt in den 1930-er Jahren in Sangerhausen, Adolf-Hitler-Straße (vormals Regelsgasse, heute Rudolf-Breitscheid-Straße) Nr. 11 eine Bäckerei. Am 08. 08. 1938 ließ der Landrat für eine von der Staatspolizei angeforderte Vorlage prüfen, ob „G. tatsächlich Halbjude" und nicht wie zunächst gemeldet „Volljude" sei. In dieser Zeit muss seine Mutter, Sofie Luise Gorek, zumindest zeitweise in Sangerhausen gelebt haben, denn sie war Nachbarn als Jüdin bekannt. Die Erinnerung an sie konnte Franz Knobloch in seiner Recherche 1994 noch festhalten.

Nach Angabe ihres Enkels Albrecht Schulze (2019) hat Frau Gorek nach dem Tod ihres Mannes 1942 aber wieder in Kölleda gelebt, bis sie verraten wurde. Sie kam mit einem Transport aus Leipzig am 13. Januar 1944 in das KZ Theresienstadt. Ihr Todesdatum ist der 16. Januar

---

36 Bernhard Hecht, Sangerhausen. Dornen und Rosen – eine Liebeserklärung. Halle 2005. Zur damaligen Situation der Juden in Sangerhausen schreibt er: „Auch in meiner Schulzeit ist mir der Antisemitismus nicht einmal als Worthülse bekannt gewesen." Einen Juden mit Stern will er in der Stadt nicht gesehen haben.

Der Laden von Julius Cohn war schon vor 1900 nicht zuletzt wegen
seiner zentralen Lage am Markt ein bekanntes Textilgeschäft

1944. Es ist zu vermuten, dass die damals 67-jährige Frau die Strapazen des Transports nicht überlebte oder unmittelbar nach ihrer Ankunft ermordet wurde.

Für Sofie Luise Gorek wurde in der Rudolf-Breitscheid-Straße 11 ein Stolperstein verlegt.

Zu den Auswirkungen der deutschen Niederlage im Ersten Weltkrieg gehörte auch, dass die Auswanderung nach Palästina für die Juden in Deutschland neue Anziehungskraft bekam, und zwar sowohl aus praktischen als auch aus national-religiösen Erwägungen.

*Eine neue Option: Auswanderung nach Palästina -*
*am Beispiel der Kinder von Moritz und Henrietta Loewe*

Der jüngere Bruder von Moritz Loewe, Heinrich Loewe (1869-1951), hatte als Student in Berlin seit 1882 Kontakt zu russisch-jüdischen Kommilitonen gefunden, die ihn mit der Bewegung der „Zionsfreunde" in Russland bekannt machten. Aus dem vielerorts virulenten Antisemitismus hatten diese Emigranten die Schlussfolgerung einer Rückkehr in das Land ihrer Väter gezogen.

Moritz Loewe vor dem von seinem Schwiegervater J. Cohn übernommenen Laden im Sangerhäuser Rathaus (vor 1914)

Der Kern dieses frühen Zionismus lag in der Überzeugung, dass die Juden sich als eigenständiges Volk, als Nation begreifen sollten und nicht nur als Religionsgemeinschaft, wie es die liberalen, assimilierten „Staatsbürger mosaischen Glaubens" verstanden.

Konstitutiv für dieses entstehende jüdische Nationalbewusstsein wurde neben der Religion die Erinnerung an große Momente der jüdischen Geschichte und ebenso an die bitteren Erfahrungen des Exils, die als Parallele zum modernen Antisemitismus erlebt wurden. Hinzu kam die Pflege der alle Juden verbindenden hebräischen Sprache und das Ziel einer Überwindung der Diaspora durch Gründung autonomer Kolonien in Palästina.

In diesem Sinn entfaltete Heinrich Loewe neben und nach seinem Studium eine enorme publizistische und organisatorische Tätigkeit.[37] Dazu gehörten Beiträge in jüdischen Zeitschriften, Vorträge, zwei Palästina-Reisen und die Beteiligung an den von Theodor Herzl (1860-1904) initiierten Zionistischen Weltkongressen. Heinrich Loewe organisierte auf der Berliner Gewerbeausstellung 1896 sogar einen Pavillion mit Produkten aus jüdischen Siedlungen in Palästina .

37 Vgl. Frank Schlöffel, Heinrich Loewe. Zionistische Netzwerke und Räume, Berlin: Neofelis-Verlag 2018.

Ab 1914 bis zum "Judenboykott" im April 1933 hatte Moritz Loewe seine
Geschäftsräume in der Göpenstraße 13.

Die Sangerhäuser Loewes unterhielten lebhafte kontakte zu dem in-
zwischen zum Bibliothekar an der Berliner Universität aufgestiegenen
Professor Dr. Heinrich Loewe, und die junge Generation im Hause
Loewe war durchweg zionistisch orientiert.

Schon vor 1933 wanderten die Kinder von Moritz und Henrietta nach
und nach nach Palästina aus. Sie gehören damit zu den Pionieren und
zur Gründergeneration des Staates Israel.

**Heinrich Loewe** (11.05.1898 Sangerhausen – 10.12.1969 Wuppertal),
   in zweiter Ehe verheiratet mit Gertrud Bertha (Gerti) Schwabe
   (26.4.1907-25.12.2007).[38]

**Arthur Loewe** (* 21.05.1899), ein Eintrag in der Kartei Sangerhäuser
   Kriegsteilnehmer weist aus, dass er vom 15.09.1917 – 13.12.1918 in
   einem Füsilier-Regiment diente. Sein Wohnort wird 1918 mit
   Markt 18 angegeben, 1964 lebte er in Ganej Am / Israel.

**Betty Loewe** (* 10.09.1900) erhielt vor ihrer Emigration eine kauf-
   männische Ausbildung bei der Fa. Witschel in Sangerhausen, war
   mit Rudi Goldberg verheiratet, lebte 1964 in Kirjat Amal / Israel.

**Johanna Loewe** (* 22.08.1902) war in Palästna / Israel verheiratet mit
   Max Schwarz (Shahan), Wohnort 1964: Ganej Am / Israel.

38 Holger Frerichs, Die Leder- und Treibriemenfabrik Schwabe in Varel
(1861-1937), Jever: Verlag Hermann Lüers 2019, S. 54 f.

Heinrich Loewe, Edward Loewe, Moritz Loewe, Prof. Heinrich Loewe, darunter in der Mitte Henrietta Loewe mit weiteren Familienmitgliedern in Palästina

**Charlotte (Lotte) Loewe** (* 15.10.1903) hinterließ eine genaue Beschreibung der letzten Wohnung der Familie Loewe in der Bergstraße 25, 1964 wohnte sie in Jerusalem, Ramban Straße 43.

Der älteste Sohn Heinrich absolvierte nach dem Schulbesuch eine Gärtnerlehre. 1924 emigrierte er nach Palästina, heiratete und hatte zwei Kinder. In der Landwirtschaftssiedlung Moshav Magdiel lernte er nach 1934 seine zweite Frau Gerti Schwabe kennen. Heinrichs Schwester Betty verließ Sangerhausen 1926 ebenfalls in Richtung Palästina, 1927 folgte der Bruder Arthur und 1928 Johanna. Sangerhausen verlor damit die junge Generation einer Familie, die Ansatzpunkt einer jüdischen Traditionsbildung hätte sein können, denn Moritz Loewe hatte durch Heirat mit Henrietta Cohn das seit langem in Sangerhausen etablierte Geschäft von Jacob Cohn fortgeführt.

Neben seiner Tätigkeit als Kaufmann ging Moritz seinem Hobby als Sammler von Antiquitäten nach und wurde vereidigter Auktionator. Die Familie hatte in Sangerhausen im Laufe der Zeit mehrere Wohnadressen, u. a. Kylische Straße 9 und Markt 18, nach dem 1. Weltkrieg bis zur Emigration Bergstraße 25.

Für die in Sangerhausen verbliebenen Loewes wurde der „Judenboykott" im April 1933 das Signal zum Aufbruch in die „alt-neue Heimat". Ihre Ausreise im Laufe des Jahres 1933 gestaltete sich teilweise dra-

Werbeanzeigen jüdischer Geschäfte in der „Sangerhäuser Zeitung" im Jahr 1924

matisch. Der gesamte Besitz: Geschäft, Haus, Grund und Boden, Mobiliar und Antiquitäten musste veräußert werden, um die Steuern, die ausreisewilligen Juden auferlegt waren, zu entrichten und die Reisekosten zu bestreiten. Es wird von einer Zwangseinweisung in eine Kellerwohnung berichtet. Die ehemals wohlhabenden Loewes erreichten Palästina fast mittellos im Dezember 1933. Eine Berufstätigkeit haben Moritz und Henrietta nicht mehr aufgenommen, sie lebten bei den Kindern in der landwirtschaftlichen Kolonie Moshav Magdiel, die heute Teil der Stadt Hod Hasharon geworden ist.

Interessant ist, dass Heinrich Loewe, der schon vor 1933 nach Palästina ausgewandert war, 1961 mit seiner Familie nach Deutschland zurückkehrte und den Lebensabend mit seiner Familie in Wuppertal verbrachte.

Seine Nachkommen, die Söhne Daniel und Michael aus der Ehe mit Gerti Schwabe, nahmen 2013 mit ihren Kindern an der Stolpersteinverlegung in Sangerhausen teil. Aus Israel angereist mit ihren Kindern waren Normi Schekel, die Tochter von Arthur und Olga Loewe, sowie Max Shahan, der Sohn von Johanna Loewe, verheiratete Schwarz, mit seiner Frau Daliah.

Noch heute begegnet am Haus Göpenstraße 13 ein Schriftzug mit dem Namen von:

**Bendix Ikenberg** (* 11.03.1870). Er kam vermutlich kurz vor der Jahrhundertwende aus Westfalen mit seiner Frau

**Sophie Ikenberg**, geb. Funke (15.07.1876 – 07.01.1943) nach Sangerhausen und unterhielt ein Geschäft für „Untertrikotagen und Konfektion". Dieses Haus beherbergte in den 1930ger Jahren auch das

Möbelgeschäft von Benjamin Neumann und es ist wahrscheinlich, dass es im April 1933 ebenfalls Schauplatz des "Judenboykotts" wurde, von dem die Sangerhäuser Zeitung berichtete.

Zu den bekannteren und bis zur Deportation 1942 in Sangerhausen verbliebenen jüdischen Familien gehörten die *Fleischmanns* in der Hüttenstraße 26. Ihr Haus wurde in den Wochen vor der Deportation zum Sangerhäuser "Judenhaus", in das weitere Juden zwangsweise eingewiesen wurden.

**Otto Fleischmann** (11.12.1879 – 03.06.1942) stammte aus Prichsenstadt (Unterfranken).

Dort war der Viehhandel eine jüdische Domäne, und die Familie Fleischmann konnte auf eine lange Tradition in diesem Gewerbe zurückblicken. Ottos Vater Jacob Fleischmann (* 1845) galt dort als wohlhabender Mann. Um die Jahrhundertwende war der Viehhandel in Prichsenstadt aber ein stark umkämpftes Geschäft, so dass seine Söhne Louis (* 1875), Bernhard (* 1878) und Otto nach Apolda auswichen, um dort Viehhandel zu treiben, zunächst gemeinsam, später aber unter eigener Firma. Otto war 1903 Teilhaber bei Bernhard, eine Anzeige im Apoldaer Tagblatt vom 6. Januar 1907 weist ihn später als Inhaber der „Gebr. Fleischmann" aus. Das Geschäft befand sich in der Jenaer Straße 34. Um diese Zeit war er bereits mit

**Rosa, geb. Friedmann** (26.01.1878 – 01.06.1942), verheiratet. Sie stammte aus Köditz, in der Nähe von Hof. Ihr Sohn

**Arthur Fleischmann** (10.08.1907 – 04.04.1977) wurde noch in Apolda geboren. Das zweite Kind, die Tochter

**Jutta Fleischmann** (28.01.1911 – 03.06.1942) kam schon in Sangerhausen zur Welt. Sie heiratete 1938 den Kaufmann Kurt Bernstein (* 28.04.1906) aus Ellrich. Ihr Kind

**Eva Miriam Bernstein** (02.04.1938 – 03.06.1942) kam 1938 in Berlin zur Welt.

Aus den Geburtsdaten von Arthur und Jutta Fleischmann geht hervor, dass die Familie Fleischman zwischen 1907 und 1911 nach Sangerhausen kam. In einer Studie über die Apoldaer Familien Fleischmann wird Rosa als „Tochter des Sangerhäuser Viehhändlers Friedmann" be-

39 Peter Franz, Udo Wohlfeld, Die Fleischmanns. Eine jüdische Familie in Apolda, Apolda: Schriftenreihe des Vereins Prager Haus Apolda e.V. Nr. 5 (gefunden 5), 2009, S. 40.

Nach der Reichspogromnacht 9./10. November 1938 wurden auch
Sangerhäuser Juden in Konzentrationslager deportiert.

zeichnet.[39] Die Einheirat in Geschäfte ohne männliche Nachfolger war
gerade in jüdischen Kreise sehr gängig, aber einen Viehhändler Friedmann findet man in den Sangerhäuser Adressbüchern der Zeit nicht.

Eine Spur bietet vielleicht die Wohn- und Geschäftsadresse: Die
Fleischmanns wohnten von Anfang an in der Hüttenstraße 26. Dieses
Haus hatte 1899 der Witwe eines Bäckers namens Kraul gehört, 1902
richtete Ferdinand Ehrke hier eine Pferdehandlung ein, und vermutlich von diesem übernahm Otto Fleischmann um 1910 das Geschäft.

Erfolgreich wirtschaftend wurde er Eigentümer des Hauses, hatte
Landbesitz und konnte als wohlhabend gelten. Im Ersten Weltkrieg
war Otto Fleischmann vom 3. August 1915 bis zum 4. Dezember 1918
Soldat. Die Einheit, in der er diente, wird in den archivalischen Unterlagen als „4. Jäger-Bataillon" bezeichnet.

### Die Shoah in Sangerhausen

Die Geschichte der Familie Fleischmann während der Nazizeit ist tra-
gisch und zugleich beispielhaft für das Schicksal der vom Judenhass
der Nationalsozialisten ermordeten jüdischen Männer, Frauen und
Kinder.

Eva-Mirjam Bernstein (re) mit einem nicht-jüdischen
Kind vor 1942 im Hof Hüttenstraße 26

Die Nürnberger Gesetze entzogen dem Geschäft die wirtschaftliche
Grundlage. Nach dem Novemberpogrom 1938 wird Otto Fleischmann
verhaftet, kommt in das Polizeigefängnis Halle und anschließend bis
zum Dezember in das KZ Buchenwald. Die Familie denkt an Flucht.
Das Geschäft muss Ende 1938 an die Viehhandlung Karl Schüler in
Halberstadt verkauft werden.

Dem Sohn Arthur gelingt die Flucht und anschließende Ausreise in die
USA. Juttas Mann kann 1939 mit Hilfe der Reichsvereinigung der Juden nach England emigrieren. Der Kriegsausbruch am 1. September
1939  verhindert, dass Frau und Kind nachkommen können. In aus-
sichtsloser Situation Jutta kehrt mit ihrer Tochter in das Haus der El-
tern zurück.

Auf der Wannsee-Konferenz war Ende Januar 1942 die endgültige
Vernichtung der europäischen Juden beschlossen worden, und es
dauerte nicht lange, bis auch in Sangerhausen die Deportation begann. Die Hüttensraße 26 wird zu einem „Judenhaus", in das die wenigen noch verbliebenen Juden zwangsweise eingewiesen werden. Am
29. April 1942 titelte die „Sangerhäuser Zeitung" triumphierend „Sangerhausen ist jetzt judenfrei" - ein beschämendes Dokument bis heute. Die Leser der Zeitung erfuhren: „Seit Dienstag mittag, dem 27.

40 Zum Transport Da 57 siehe: Alfred Gottwald, Diana Schulte, Die «Judendeportationen» aus dem Deutschen Reich 1941-1945, Wiesbaden: Marix-Verlag
2005, S. 211-213.

April ist Sangerhausen judenfrei, an diesem Tag haben uns die letzten Angehörigen des ‚Auserwählten Volkes' verlassen."

Die Deportation erfolgte zunächst gemeinsam nach Halle, dann trennten sich die Wege der letzten Sangerhäuser Juden.

Die Familie Fleischmann – drei Generationen – kommt am 1. Juni 1942 mit dem Transport Da 57 in das Vernichtungslager Sobibór.[40] Als Todesdatum nennt das Gedenkbuch den 3. Juni 1942.

Juttas Mann soll überlebt haben und nach dem Krieg in München untergekommen sein. Besser bekannt ist das weitere Schicksal von Arthur Fleischmann. Er hat das Trauma, als einziger seiner Familie entkommen zu sein, mit in die neue Heimat genommen. In einem Nachruf wird er als ein freundlicher, hilfsbereiter Mann geschildert. Er lebte in Yonkers, in der Nähe von New York als Handwerker und Lagerist und konnte eine Familie gründen. Im Alter von 70 Jahren starb er in Folge eines Autounfalls. Seine Tochter Susan, verheiratete Freimark, nahm 2013 mit dem Enkel Daryl Freimark, an der Stolpersteinverlegung teil.

In Sangerhausen gab es zum Glück auch Überlebende, aber die Liste der Opfer des Holocaust, die jährlich an der Gedenktafel am Rathaus verlesen wird, umfasst 26 Personen. Sie wurden entweder aus Sangerhausen deportiert oder waren gebürtige Sangerhäuser, die von anderen Orten aus in die Vernichtungslager deportiert wurden.

Unterschiedlich gestaltete sich das Schicksal der Söhne von Bendix und Sophie Ikenberg

**Kurt (Shlomo) Ikenberg** (10.02.1900 - um 1964) emigrierte 1933 über Paris nach Palästina. Er hat im Zusammenhang mit einem Entschädigungsverfahren 1964 zu Protokoll gegeben, dass sein Vater wegen des geschäftsschädigenden Antisemitismus in Sangerhausen sein Geschäft schon vor 1933 aufgeben musste und nach Bad Frankenhausen verzog. Zur Begründung wies er u. a. auf das Treiben des Kyffhäuserbundes in Sangerhausen hin. Bendix Ikenberg scheint vor dem Einsetzen der Deportationen an seinem neuen Wohnort verstorben zu sein.

**Ernst Ludwig Ikenberg** (04.01.1901 – 1944) kam mit seiner Mutter Sophie Ikenberg am 20. September 1942 mit einem Transport aus Weimar nach Theresienstadt. Sophie Ikenberg ist dort am 7. Januar 1943 verstorben, Ernst Ludwig wurde am 18. Mai 1944 nach

Auschwitz deportiert. Das Gedenkbuch gibt sein Todesjahr mit 1944 an.

**Adele Hampel** gehörte zu den in der Hüttenstraße 26 im Frühjahr 1942 unter Zwang festgehaltenen jüdischen Mitbürgern. Ihr Mädchenname war Gosslar, sie wurde am 11. Dezember 1874 in Wippra geboren und war mit dem Sangerhäuser Kaufmann Paul Hampel (Nichtjude) verheiratet, der ein Geschäft für Spielwaren in der Göpenstraße 10 führte. Ihre Wohnadresse war 1939 Bahnhofstraße 21. Mit den Fleischmanns kam sie im April 1942 in das „Judenhaus" Feylstraße nach Halle, von dort mit dem Transport 20. September 1942 von Leipzig nach Theresienstadt. Sie starb dort wenig später, am 22. November 1942, im Alter von 67 Jahren.

**Matthias Meyerstein** stammte aus Gröbzig, einer vitalen jüdischen Gemeinde im Fürstentum Anhalt. Er wurde dort am 29. März 1864 geboren und ist als Kaufmann 1895 in Artern nachgewiesen. 1933 lebte er mit seiner Familie in Sangerhausen, Kylische Straße 9, vermutlich, weil seine Frau

**Theresa Meyerstein** aus Sangerhausen stammte. Sie wurde hier am 06. November 1874 geboren, ihr Mädchennamen war Flatow. Zwei Kinder Kurt und Else verstarben schon im Kindesalter. Eine Tochter Erna (* 1902 in Oschatz) scheint rechtzeitig emigriert zu sein, sie ist 1990 in New York gestorben.

Der Vater Matthias Meyerstein hat die Deportation nicht mehr erlebt, sein Todesdatum (vor 1942) konnte noch nicht ermittelt werden. Der Sohn

**Erhard Meyerstein**, wurde am 03.03.1898 in Sangerhausen geboren. Er wurde im Januar 1945 von Frankfurt (M.) aus in das Ghetto Theresienstadt deportiert und traf dort seine Mutter an. Beide überlebten und kehrten nach der Befreiung nach Sangerhausen zurück.

Therese Meyerstein ist jedoch bald darauf im Alter von 71 Jahren verstorben. Erhard Meyerstein war noch einige Jahre als Angestellter in Sangerhausen tätig und verstarb hier im hohen Alter am 14. 12. 1982. Er war zweimal verheiratet, zunächst mit Martha Schmidt (verstorben vor 1950), in zweiter Ehe mit Irmgard ("Irmchen") Wohlhaupt (29.05.1917-28.01.1983).

Für Theresa und Erhard Meyerstein wurden in der Kylischen Straße 9 Stolpersteine verlegt.

**Klara Merkelt,** (1901 - 10.01.1944) steht für die vielen jüdischen Schicksale, in denen Menschen durch Verfolgung und Verrat in den Tod getrieben wurden. Sie lebte in einer sog. Mischehe mit Paul Merkelt, dem Sohn des Sangerhäuser Tischlermeisters Otto Merkelt.

Das Ehepaar Merkelt erlebte den Antritt der Nationalsozialisten in Hamburg und adoptierte um 1938 trotz zusätzlicher Gefährdungen eine jüdische Vollwaise. Im Juli 1943 wurde Familie Merkelt während des großen Luftangriffes auf Hamburg ausgebombt und musste in ein Behelfsquartier ausweichen. In diesem Zusammenhang wurde das Mädchen Auguste als Jüdin erkannt und denunziert. Sie wurde von den Adoptiveltern getrennt und nach Auschwitz deportiert, ihr Todesdatum ist nicht bekannt.

Die Merkelts flohen nach Sangerhausen und fanden im Elternhaus von Paul in der Schulgasse 4 Unterschlupf. Als in der Nachbarschaft bekannt wurde, dass Klara Jüdin war, begannen für sie erneut Demütigungen und Drohungen. Anfang 1944 kam die Nachricht vom Tod der Adoptivtochter, und als ihr während der Abwesenheit ihres Mannes mitgeteilt wurde, sie müsse Sangerhausen innerhalb von 24 Stunden verlassen, nahm sich Klara Merkelt am 10. Januar 1944 das Leben.

Paul Merkelt hat sich in einer Eingabe vom 24. Oktober 1945 dazu geäußert: „Meine Frau und Tochter wurden durch die teuflischen Maßnahmen der Gestapo 1944 getötet, und zwar wurde meine Tochter in Auschwitz ermordet." Zu der Adoptivtochter von Paul und Klara Merkelt konnten keine genauen Daten ermittelt werden.

Für Klara Merkelt wurde in Sangerhausen in der Schulgasse, in der Nähe der alten Hausnummer 4, ein Stolperstein verlegt.

## Vergessen und langsames Erwachen der Erinnerung

Es ist eine bedauerliche Tatsache, dass die Schicksale unserer jüdischen Mitbürger und Mitbürgerinnen nach 1945 kein besonderes Interesse fanden. Zwar wurden vermögensrechtliche und Entschädigungsfragen korrekt behandelt, aber eine Befragung der wenigen Überlebenden nach persönlichen Schicksalen erfolgte nicht. Auch die Namen der Verfolgten gingen in der Anonymität der Ehrung antifaschistischer Opfer unter. Die Kommissionen für die Erforschung der Geschichte der lokalen Arbeiterbewegung, die den kommunistischen und sozialdemokratischen Widerstand behandelten, fühlten sich für das jüdische Thema nicht zuständig.

Erst in den letzten Jahren der DDR setzte ein Umdenken ein, aber konkrete Ergebnisse auf lokaler Ebene waren rar. Auf Initiative einer Gruppe um Pfarrer Matthias Bartels entstand nach 1989 das Projekt einer Gedenktafel am Sangerhäuser Rathaus. Sie wurde am 7. Mai 1995 durch Oberbürgermeister Dr. Klaus Czudaj enthüllt[41] und ist anonym den „jüdischen Einwohnern dieser Stadt" gewidmet, „die in den Jahren 1933-1945 verfolgt, vertrieben und umgebracht wurden".

Eine Gruppe des „Mädchentreffs", zu der Mechthild Müller und Jenny Lippert gehörten, recherchierte im gleichen Jahr unter Leitung von Lehrer i.R. Franz Knobloch (Thomas-Müntzer-Schule) und trug eine Liste mit Namen und einigen Lebensdaten[42] von Sangerhäuser Juden zusammen, die in Erinnerung geblieben waren. Auch die Lokalredaktion der „Mitteldeutschen Zeitung" griff dieses Thema wiederholt auf und dokumentierte Ergebnisse der Spurensuche.[43]

Auf der Grundlage des so entstandenen Materials konzipierten Stadtführerin Ilse Schneider (1934 - 2019) und Pfarrerin Margot Runge 2007 einen "Stadtspaziergang auf jüdischen Spuren", der 2008 nach weite-

41 Mitteldeutsche Zeitung (Halle), 9. Mai 1995, S. 12. Wortlaut der Rede in: Mitteilungen des Vereins für Geschichte von sangerhausen und Umgebung, Nr. 4, Sangerhausen 1995, S. 8 f.
42 Das Manuskript wird von Sebastian Funk unter dem Titel: "Mechthild Müller, Juden in Sangerhausen" in seiner Datensammlung als Quelle zitiert und ist im Spengler-Museum unter der Signatur 5669 vorhanden.
43 Beispielhaft die Beiträge von Heinz Noack im Teil Sangerhäuser Zeitung der Mitteldeutschen Zeitung vom 04.04.2008, 12.11.2012, 19.11.2012.

Bei der ersten Stolpersteinverlegung meldet sich überraschend eine Frau,
die aus eigener Erinnerung über die Familie Fleischmann berichtet

Die Nachkommen von Moritz und Henrietta Loewe, darunter auch aus Israel
angereiste Enkel und Urenkel, bei der Stolpersteinverlegung 2014

ren Recherchen wiederholt wurde. Diese Stadtspaziergänge stießen
auf gute Resonanz und weckten ein breiteres Interesse für jüdisches
Leben in Sangerhausen.

Wenig später bildete sich in Sangerhausen eine „Initiative Erinnern
und Gedenken", die auf neuer Grundlage recherchierte und ab 2012

Susan Freimark, die Enkeltochter von Otto und Rosa Fleischmann,
trägt sich in das Gästebuch der ehemaligen Synagoge Eisleben ein

für die jüdischen und anderen Opfer des Nationalsozialismus Stolpersteine verlegte. Diese Aktivitäten fanden die Unterstützung des Stadt-
rates und die verständnisvolle Mitwirkung der Oberbürgermeister.

Ein weiterer Schwerpunkt der Arbeit der Initiative Erinnern und Gedenken wurde die Herstellung von Kontakten mit Überlebenden und

Jugendliche gestalten Stolpersteinverlegungen zu einem Erlebnis und
engagieren sich bei der Pflege der kleinen Denkmale im öffentlichen Raum

Nachkommen der ehemaligen jüdischen Mitbürger. So entstanden Kontakte nach Israel und in die USA.

Pflege und Begehung der Stolpersteine[44] sowie Veranstaltungen der Initiative Erinnern und Gedenken zu den jüdischen Gedenktagen: 27. April - Tag der Deportation der Sangerhäuser Juden, 9./10. November - Pogromnacht 1938, 27. Januar - Internationaler Holocaust-Gedenktag sind inzwischen ständige Angebote für Schulen und Jugendarbeit.

Der hier vorgelegte Katalog jüdischer Namen sollte auf keinen Fall als vollständig angesehen werden. Er ist höchstens ein Baustein für ein Kapitel Juden in Sangerhausen in der noch ungeschriebenen Fortsetzung der „Geschichte der Stadt Sangerhausen" von Friedrich Schmidt, die mit dem Jahr 1906 endet.

---

44 Ein von Holger Hüttel erarbeiteter Stadtplan mit den Verlegeorten und Kurzbiographien ist auch digital zugänglich: https://www.google.com/maps/d/viewer?mid=1rUn6seswjXhKvu0O7PssUeCLM&ll=51.476583830204106%2C 11.297428073402433&z=15

# Personenverzeichnis

Bildnachweis: S. 6, 9 – Autor; S. 10, 11, 17 – Arno Herzig /Cay Rademacher (Hg.), Die Geschichte der Juden in Deutschland, S. 46,71; S. 25 (beide), 46 – Sebastian Funk; S. 47, – Spengler-Museum Sangerhausen; S. 48 – Otto Wolf; S. 49 – Daniel Loewe; S. 59-60 – Initiative Erinnern und Gedenken Sangerhausen

# Inhalt

Zeitfracht Medien GmbH
Ferdinand-Jühlke-Straße 7
99095 Erfurt, Deutschland
produktsicherheit@kolibri360.de